AI 자본주의

가격이 파괴되는 평평한 경제

노영우 지음

도서출판 해남

AI 자본주의 가격이 파괴되는 평평한 경제

초판1쇄 인쇄 2019년 1월 2일
초판1쇄 발행 2019년 1월 5일

지은이 노영우
발행인 노현철
발행처 도서출판 해남

출판등록 1995. 5. 10 제 1-1885호
주　　소 서울특별시 서대문구 충정로 38-12(충정로 3가) 우리타워 6F
전　　화 739-4822 **팩스** 720-4823
이 메 일 haenamin30@naver.com
홈페이지 www.hpub.co.kr

ISBN 978-89-6238-128-3 03320

이 책은 관훈클럽신영연구기금의 도움을 받아 저술 출판되었습니다.

머리말

이 책은 인공 지능(AI)이 바꿔 왔고 앞으로 바꿔 갈 자본주의 경제에 대한 이야기이다.

세상은 변한다. 조금씩, 조금씩 바뀌기 때문에 그 변화를 그때그때 알기는 어렵다. 변화가 누적되면 그제야 알게 된다. 세상이 바뀌면 세상을 설명하는 방식인 이론도 바뀐다. 경제와 경제 이론의 경우도 마찬가지이다. 원시 시대와 현재를 비교해 보면 하늘과 땅 차이만큼이나 크게 변하였다. 경제도 변하였고 그 경제를 설명하는 이론도 변하였다. 어떻게 바뀌었을까.

"네모난 경제가 볼록하게 바뀌었고 다시 평평하게 바뀌어 가고 있다." 경제의 변화를 보는 시각은 여러 가지가 있지만 이 책은 역사적으로 진행된 경제의 변화를 이렇게 설명한다. 경제의 변화는 생산 방식의 변화에서 비롯되고 생산 방식의 변화는 생산 기술에서부터 비롯된다. 이런 점에서 생산 기술은 경제 변화를 설명하는 가장 기본적인 요인이다. 생산 기술이란 여러 가지로 정의될 수 있지만 가장 기본적으로는 노동과 자본을 결합하는 방식이다. 인류의 경제 역사를 살펴볼 때, 노동과 자본을 결합하는 방식인 생산 기술로부터 규정되는 경제의 모습이 네모에서 볼록함으로, 그리고 다시 평평함으로 바뀌고 있다.

네모난 경제란 노동과 자본이 완벽하게 서로 보완적인 관계를 맺고 있었던 경제를 말한다. 자본이 노동을 대신할 수 없고 노동이 자본을 대신할 수 없었던 경제이다. 삽과 곡괭이로 땅을 파고 농사를 짓던 시절, 곡괭이, 삽과 사람은 서로 보완적인 관계였다. 사람 1명당 삽 1자루씩 들고 땅을 파고 농사를 지었다. 삽과 인간은 서로가 없으면 일을 할 수 없을 만큼 서로의 부족한 부분을 채워 주었다. 인간은 삽이 없으면 땅을 파기 어려웠고, 삽은 사람이 없으면 작동을 할 수 없었다. 이런 점에서 삽과 인간은 서로 보완적인 존재였을 뿐 서로를 생산 과정에서 밀어내는 존재는 아니었다. 자본(삽)과 노동은 그렇게 결합하였다. 이런 관계를 경제학에서 자주 사용하는 노동과 자본 간의 생산 관계를 나타내는 그래프로 표시하면 'L'자 모양이 되었다. 두 개를 엇갈리게 합해 놓으면 네모난 모양이다.

시간이 흐르면서 생산 기술이 발달하자 네모난 경제는 '볼록한 경제'로 발전하였다. 볼록한 것은 특별한 각이 없으면서 모든 게 둥글둥글하게 연결되어 있다. 둥글둥글한 모양처럼 자본과 노동도 서로 둥글게 잘 어울렸다. 볼록한 경제에서는 기계(자본)가 어느 부분까지는 노동을 대신해서 일을 하기 시작하였다. 기계를 하나 더 들여오면 사람을 줄이고, 사람을 한 명 더 뽑으면 기계를 조금 덜 사도 되는 생산 기술과 이에 걸맞은 생산 방식이 본격적으로 도입되었다. 19세기 산업혁명 이후 들여온 기계들은 일정 부분 사람을 대신해 일을 할 수 있는 기계들이었다. 10명이 모여 오순도순 바느질을 해서 옷감과 옷을 만들던 사람들은 물레가 들어오면서 사람을 5명으로 줄였다. 그래도 이때는 사람 대신 기계가 일을 하면서도 생산 현장에서 무작정 사람을 몰아내지는 않았다. 기계를 만드는 사람도 필요하였고 기계를 관리하는 사람도 필요하였다. 아주 볼록한 모양으로 사람과 기계 간의 관계가 형성된 시절이다.

볼록한 경제는 4차 산업혁명이 본격화하는 시대를 맞아 '평평한 경제'로 바뀌고 있다. 볼록하였던 자본과 노동 사이의 관계가 평평해지는 것이다. 평평한 경제는 기계가 사람을 거의 완벽하게 대체할 수 있는 경제이다. 기계를 1대 들여오면 사람을 1명 줄이고, 2대 들여오면 2명 줄이는 관계가 노동과 자본 사이에 형성되고 있다. 4차 산업혁명과 함께 사람의 지능을 능가하는 인공 지능이 본격적으로 도입되면서 기계가 사람을 본격적으로 대체하기 시작하였다. 사람보다 더 바둑을 잘 두는 기계가 나왔고, 사람보다 더 수술을 잘하는 기계도 나왔다. 세계 곳곳에서 사람이 없는 무인 점포가 확산되고 있다. 이런 기술이 확산되는 세상에서는 기계가 사람을 밀어낸다. 그동안 기계와 인간은 서로의 부족한 점을 보충해 주던 관계였다. 적어도 볼록한 경제까지는 그런 관계가 유지되었다. 그런데 평평한 경제로 접어들면서 기계와 인간은 서로를 밀어내는 관계로 변하고 있다. 자본이 노동을 대체하면서 경제 현장에서 사람을 밀어내는 시대가 오고 있는 것이다.

그럼 평평한 경제에서는 어떤 일이 벌어질까. 이 책은 평평한 경제에서 발생할 수 있는 여러 가지 현상들과 그것들을 설명하는 방식은 어떻게 달라져야 하는지를 보여 준다. 분명히 평평한 경제에서는 볼록한 경제와 많은 부분에서 달라졌고, 이 달라진 부분을 반영해 세상 이치를 설명해야 한다. 볼록한 경제에서 세상을 설명하는 방식은 설명력이 떨어진다.

근본적인 질문을 던져 본다. 평평한 경제에서 시장 가격은 지금처럼 존재할 수 있을까, 경제는 볼록한 경제에서와 유사한 성장 궤도를 그릴 수 있을까, 사람들은 지금처럼 계속 일을 하고 돈을 벌어 생활할 수 있을까, 정부의 경제 정책은 효과를 발휘할 수 있을까 등등 여러 가지 궁금한 내용에 대해 기존의 설명 방식은 달라져야 한다. 시장에서 가격이 형성되지 않을 수 있다. 경제에서 수요와 공급이 일치하는 것이 거의 불가능한 세상이 올 수도 있다. 정부의 경제 정책이 효과를 발휘할 수 없는 경제 현실이 전개된다. 지금은 당연하게 생각하였던 경제 현상들이 더 이상 당연하지 않게 된다. 이 책은 AI로 대표되는 4차 산업혁명으로 인해 경제 환경이 어떻게 바뀌는지를 설명한다. 그리고 새로 생겨나는 경제적 문제들을 해결하기 위해서는 어떤 사고의 전환이 필요한지에 대해 제시한다. 세상의 변화를 설명하기 위해 여러 가지 경제학적 방법론이 도입되었다. 이 과정에서 여러 가지 그래프들이 동원되었다. 때로는 그림이 더 직관적으로 세상의 변화를 알려 줄 수 있기 때문이다. 그래프를 통해 천천히 따라가다 보면 어느덧 4차 산업혁명으로 인해 달라지는 현실 경제에 대한 이해의 폭도 훨씬 넓어질 것이라 기대된다.

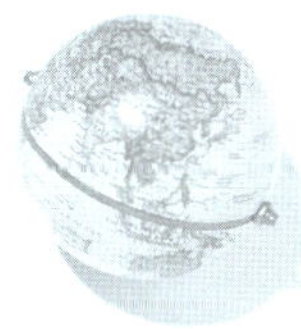

차례

제 1 부

4차 산업혁명이라는 유령

제2부

경제 패러다임의 변화

제3부

평평한 경제

제 4 부

새로운 경제 신화

제 1 부

4차 산업혁명이라는 유령

1. 아담과 이브의 귀환
2. 산업혁명이 바꾼 세상
3. 볼록한 경제의 등장
4. 친구에서 적이 된 기계
5. 인공 지능(AI)이 바꾸는 자본주의

1

아담과 이브의 귀환

17세기 영국의 철학자 프랜시스 베이컨[•]은 세상을 완전히 바꾸는 꿈을 꾸었다. 사람의 생각은 한번 정해지면 바꾸기 힘든 도그마에 빠지는 경향이 있다. 그 도그마는 또 다른 도그마를 낳고, 이를 통해 사람들의 사고가 편견에 휩싸인다. 그러다 보면 세상이 바뀌어도 편견에 휩싸여 그 변화를 보지 못한다. 이 때문에 세상의 변화를 인식하고 과거의 낡은 생각을 바꾸어 새로운 생각을 만들려는 노력은 언제든 필요하다. 역설적이지만 베이컨이 17세기에 본 편견은 당시 세상을 지배하던 논리였다.

당시 지식인들은 세상을 신을 중심으로 바라보았다. 신이 모든 것을 결정하고 인간은 신의 생각을 따라야 한다는 주장이 세상을 지배하였다. 신학과 함께 세상을 떠받들던 학문은 철학이었다. 보다 구체적으로는 아리스토텔레스[••]의 형식 논리학이 당시 지식인들의 중심에 있었다. 신학과 아리스토텔레스의

• 프랜시스 베이컨(1561~1626)은 영국의 철학자 및 정치인이다. 케임브리지에서 수학하고 변호사, 검찰총장, 대법관 등을 역임한 후 공직에서 물러났다. 이후 활발한 저술 활동을 통해 귀납법을 중심으로 하는 경험론 철학을 만들었다. 저서로는 『수상록』, 『학문의 진보』, 『신기관』, 『뉴 아틀란티스』 등이 있다.

•• 아리스토텔레스(B.C. 384~B.C. 322)는 고대 그리스의 대표적인 철학가로 꼽히는 인물이다. 물리학, 생물학, 논리학, 정치학, 윤리학에 이르기까지 광범위한 영역에서 연구와 책을 남겼다. 소크라테스(B.C. 470~B.C. 399), 플라톤(B.C. 428~B.C. 348)과 함께 고대 그리스의 대표적인 학자로 꼽힌다.

논리학이 세상을 설명하던 당시는 합리적 지식보다는 권위와 도그마가 지배하던 시대였다.

베이컨은 이런 상황 속에서 합리적이고 객관적인 지식의 확산이야말로 인류가 당면한 환경을 근본적으로 개혁할 수 있을 것으로 보았다. 당시 신학과 아리스토텔레스 철학의 권위는 누구도 넘볼 수 없을 정도로 대단하였지만 베이컨은 여기에 대해 정면으로 반박하였다.

베이컨 하면 가장 먼저 떠오르는 것이 "아는 것은 힘이다."(Knowledge is power)라는 경구이다. 베이컨에 대해 조금 더 관심이 있는 사람들은 그 다음에 떠올리는 것이 '4대 우상론'•이다. 우상론에서 베이컨은 인간이 갖게 되는 편견과 선입관에 대해 열거하고 이를 극복해야 한다고 역설하였다. 수학과 논리학에 관심이 있는 사람들은 베이컨이 처음 도입한 '귀납법'에 관심이 있을 것 같다. 귀납법은 개개의 사실로부터 이론을 도출해 내는 논리로 현대 과학을 연 방법론으로 인식된다. 이런 베이컨의 업적은 그가 이상 사회를 위한 인간의 대혁신을 꿈꾸었던 철학자였기 때문에 가능하였다.

베이컨은 당시 사고의 근본적인 전환을 요구하였다. 그는 신학과 논리학은 긍정적인 면도 있지만 도그마에 너무 치우친 나머지 세상을 객관적으로 볼 수 없게 만들고 있다고 비판하였다. 그의 공격은 아리스토텔레스의 형식 논리학에 집중되었다. 베이컨은 우선 신학과 형식 논리학이 사물을 어떻게 보는지

• 베이컨은 인간이 가지고 있는 편견을 종족의 우상, 동굴의 우상, 시장의 우상, 극장의 우상 등 4가지 우상으로 표현하였다. 종족의 우상은 인간이라는 종족의 입장에서 사물을 보고 평가함으로써 갖게 되는 편견, 동굴의 우상은 인간이 자신의 좁은 경험만으로 세상을 보고 판단하려는 편견, 시장의 우상은 시장에서처럼 자신의 경험이 없이 다른 사람의 말만 듣고 세상을 평가하려는 편견, 극장의 우상은 자신의 사색보다는 전통이나 권위에 의해서 세상을 판단하려는 편견을 의미한다.(프란시스 베이컨 저(1620), 전석용 옮김, 『신기관』(*Novum Organum*), 한길그레이트북스)

를 설명하였다. 예를 들어, '나는 왜 죽을까'라는 고민을 하는 사람이 있다고 하자. 중세의 신학자들은 '하나님이 천국으로 인도하기 때문'이라고 설명하였다. 실제 그렇게 믿는 사람이 많았다. 또 3단 논법으로 요약되는 아리스토텔레스 논리학에 익숙한 중세인들은 "모든 사람은 죽는다. 나는 사람이다. 그러므로 나는 죽는다."라고 설명하였다. 얼핏 듣기에는 맞는 말처럼 보이지만 속을 들여다보면 뭔가 속은 것 같은 이야기이다. 형식 논리학은 사람들이 사고를 합리적으로 할 수 있도록 도와줄 수는 있었지만 세상의 변화를 설명하기에는 모자랐다. 하지만 당시는 모든 현상을 설명할 때 이런 3단 논법을 사용해 설명하는 것이 일반화되었던 시기였다. 이런 철학과 신학이 중세 사람들의 사고를 철저히 지배하고 있었다.

베이컨은 사람이 죽는 이유가 궁금한 사람들에게 신학이나 형식 논리학을 통해 설명하는 것은 '지식이 아니다'라고 단언하였다. 오히려 해악을 끼칠 뿐이라고 공격하였다. 대신 베이컨은 사람들이 죽는 이유를 하나하나 사례를 통해 추적해 간다. A는 폐병으로 죽었고, B는 암에 걸려 죽었고, C는 전염병에 걸려 죽었다. 이렇게 수많은 사람들이 죽는 이유를 조사해 가면 사람이 죽는 주요한 이유를 몇 가지로 설명할 수 있다. 베이컨은 당시 이런 방식으로 하나하나 근거를 찾아 이를 종합하는 것만이 참된 지식이라고 강조하였다. 베이컨의 이런 귀납적 사고는 후에 현대 과학의 근간을 이룬다. 이렇게 지식이 확산되면 사람들은 편견과 도그마에서 벗어날 뿐만 아니라 자연 환경에 대한 지배력을 높여 갈 수 있다. 사람들의 지식 수준이 높아져 자연에 대한 지배력이 극대화될 때 인류는 새로운 세상을 맞게 될 것이라는 게 베이컨의 논리이다.

베이컨은 17세기에 현실의 사고 체계를 근본적으로 바꿀 수 있는 새로운 세상을 꿈꾸었다. 그는 일생을 두고 쓸 역작인 책의 제목을 '대혁신'(The Great Instauration)이라고 이름 지었다. 이 책은 총 6부작으로 구성되었다. 첫 번째는 과학의 분화, 두 번째는 지식을 만드는 새로운 틀, 세 번째는 우주의 현상(또는 철학의 근본을 향한 실험의 역사), 네 번째는 이해의 사다리, 다섯 번째는 선구자(또는 2차 철학의 이해), 여섯 번째는 실천으로서의 과학 등이다.

베이컨이 자신의 평생 역작을 총 6부작으로 구성한 것은 하나님이 세상을 6일 동안 창조하였다는 신학의 원리에 대응시키기 위해서이다. 하나님이 세상을 창조한 것에 버금가는 혁신을 목표로 삼았다는 이야기이다. 베이컨이 얼마나 원대한 꿈을 꾼 혁명가이었는지 알 수 있는 대목이다.

베이컨은 대혁신을 이야기하기 위해 아담과 이브로부터 시작된 인류의 역사를 언급하였다. 하나님이 창조한 아담과 이브의 시대에는 인간이 자연에 대한 완벽한 통제력을 가지고 있었다. 비가 필요할 때 비를 내릴 수 있었고, 물이 흐르는 방향을 바꿀 수도 있었다. 그런데 아담과 이브가 하나님의 말을 거역하고 선악과를 따먹게 되면서 그들은 에덴동산에서 쫓겨나게 된다. 에덴동산에서 쫓겨나면서 하나님은 아담과 이브에게 부여한 자연에 대한 통제력을 거두어들였다. 그때부터 아담과 이브는 노동을 통해 먹을 것을 만들어야 하였고, 자연재해를 두려워하면서 살게 되었다.

베이컨은 아담과 이브가 에덴동산에서 쫓겨난 시점부터 인간은 완전히 상실하였던 자연에 대한 통제력을 조금씩 다시 회복해 나가는 것으로 인류의 역사를 설명하였다. 아담의 후손들은 태초에 아담이 상실하였던 자연에 대한 통제력을 과학적 지식을 통해 다시 확보해 나가야 한다고 역설한 것이다. 이 때문에 인간의 과학에 대한 탐구는 매우 중요하다. 자연에 대한 통제력 회복을

방해하는 논리와 이론은 배척하고 자연에 대한 통제력 확보에 도움이 되는 과학적 지식으로의 대혁신이 필요하다고 역설한 것이다. 그래야만 다시 하나님이 태초에 만들어 준 에덴동산으로 복귀할 수 있다는 것이 베이컨의 생각이었다.

요약하면 사람들의 지식 수준이 높아져 자연에 대한 지배력이 극대화될 때 인류는 새로운 세상을 맞게 될 것이라는 주장이다. 하지만 그는 『대혁신』이라는 책의 3부를 쓰던 도중 병으로 사망하였다. 그래서 대혁신은 결국 완성되지 못하였고 베이컨의 혁명은 미완으로 끝났다.

하지만 그의 생각은 이후로 이어지는 산업혁명에 큰 영향을 미쳤다. 그의 생각은 과학 철학의 시초로 인정되었고, 산업혁명을 통해 인류는 자연에 대한 통제력을 대폭 넓혔다. 특히, 그가 제기하였던 귀납법은 현대 과학의 근본적인 방법론이 되고 있다.

베이컨의 사고 혁명은 경제 이론에도 적용될 수 있다. 경제 현상을 설명하는 경제학이 처음 출발할 때는 상당히 실천적인 학문이었다. 대상도 실제 현실에서 발생하는 경제 현상이었다. 애덤 스미스는 시장에서 사람들의 교환이 일어나는 원리를 개인의 이기심이 작동하는 가운데 '보이지 않는 손'에 의해 거래가 이루어진다고 설명하였다. 데이비드 리카도는 국가 간 무역이 발생하는 원리가 비교 우위• 에 의해 서로가 '윈윈' 전략을 추구하기 때문이라고 지적하였다. 현실적으로 가격이 시장에서 어떻게 결정되고 국제 무역이 어떻게 왜 이

• 비교 우위란 두 나라가 물건을 생산할 때 상대적으로 물건을 잘 만들 수 있는 능력을 말한다. 예를 들어, 한국과 미국이 교역할 때, 한국은 쌀에 비해 자동차를 잘 만들고, 미국은 자동차에 비해 쌀을 더 많이 생산할 수 있다면, 한국은 자동차, 미국은 쌀에 비교 우위가 있다고 할 수 있다.

루어지는지가 그들의 관심사였다.

하지만 어느 순간부터 경제학은 현실 설명보다는 자기 정합성을 더 추구하기 시작하였다. 현실을 설명하는 것보다 모형의 정합성이 더 중요해졌다. 꽉 짜인 틀 안에 바늘구멍 하나 없는 논리를 만들어 세상을 설명하는 과정에서 경제 이론은 급속히 발전하였다. 각각의 경제 상황을 충실히 설명하기보다는 거대한 이론의 틀 속에서 현상을 보는 것에 관심이 쏠렸다. 이 과정에서 아리스토텔레스의 3단 논법과 같은 연역적인 논리가 큰 역할을 하였다. 수학을 비롯해 물리학 등 자연 과학적 방법론도 광범위하게 개입하기 시작하였다. 이들 이론을 따와 경제학은 수많은 연역적인 논리를 만들어 냈다.

현재의 경제학은 거대한 방정식 체계처럼 바뀌었다. 논리상으로는 거의 완벽한 체계를 갖추었다. 하지만 현실은 경제학처럼 움직이지 않고 있다. 주기적으로 공황이 반복되었고, 2008년에는 전 세계에 영향을 미친 금융 위기가 발생하였다. 여기에 기존 경제 이론에서는 상상할 수 없었던 천문학적인 돈을 푸는 '양적 완화'(quantitative easing)• 조치가 시행되었다. 이처럼 평상시에는 경제학이 각광을 받다가도 위기 국면이 도래하면 경제 이론과는 무관한 급진적인 정책들이 나온다. 경제학이 자체적인 정합성은 갖추었지만 현실 문제를 해결하는 데에는 도움이 안 되는 쪽으로 발전해 왔다는 방증이다.

이처럼 세상은 시시각각 바뀌는데 경제학은 자체적인 논리적 정합성만을 추구하는 쪽으로 바뀌면서 현실과 이론 간의 괴리가 커졌다. 이 괴리는 새로운

• 양적 완화란 중앙은행이 시중에 직접 돈을 풀어 경기를 부양시키는 정책을 말한다. 2008년 금융 위기 때 미국 연방준비제도(Federal Reserve System)는 금리 인하 정책이 효과를 발휘하기 어렵게 되자 중앙은행이 직접 시중에 있는 채권을 매입하는 방식으로 유동성을 공급하는 정책을 폈다. 이때 시중에 풀린 돈은 총 3조 8,000억 달러에 달한다.

기술이 급격하게 도입되는 4차 산업혁명 시대에 더욱 커진다. 현실과의 괴리뿐만 아니라 경제학의 자기 정합성에도 문제가 발생하였다. 새로운 문제의식이 필요한 때이다.

과거 베이컨이 아리스토텔레스의 형식 논리학을 비판하였던 것처럼 지금은 거대한 공룡처럼 되어 버린 경제 이론의 현실 설명력이 떨어졌음을 지적하고 이를 개선하려는 노력이 필요하다. 현실 설명보다는 자기 완결적인 구조에 갇혀 버린 이론에 대한 개혁이 필요한 시기이다. 이 책은 세상이 바뀌는 것을 보면서 새로운 경제적 논리를 만들어 보려는 작은 노력의 일환이다.

2

산업혁명이 바꾼 세상

아놀드 토인비(Anold A. Toynbee)• 는 18세기에 산업혁명이란 말을 처음으로 사용하면서 "산업혁명이란 기술 진보로 촉발된 사회 변화"라고 개념 지었다. 처음에는 기술 진보로 시작하지만 이 변화는 기술에만 있는 것이 아니라 사회 전반의 혁신적인 변화를 가져온다. 사람들의 생각이 변하고 각종 사회 제도도 바뀐다. 독일의 철학자 헤겔은 '양질 전환의 법칙'으로 인류 역사를 설명하였다. 양적인 변화가 누적되어 임계치를 넘어서면 질적인 변화가 발생한다는 것이다. 경제사적 측면에서 산업혁명도 헤겔이 언급하였던 양질 전환의 법칙이 적용되는 영역이다.

1차 산업혁명은 1760년경 영국에서 시작되었다. 영국에서 증기 기관의 발명으로 제조업의 생산 방식이 혁신적으로 바뀌기 시작하였다. 이런 변화는 1840년대까지 지속되었다. 광범위하게 기계가 도입되면서 생산 과정에서 인

• 아놀드 A. 토인비(1852~1883)는 영국의 경제학자이다. 그의 사후에 유고집 『18세기 영국 산업혁명 강의』가 출판되었는데, 여기서 설명된 산업혁명이라는 용어가 확산되는 계기가 되었다. 그 이전에는 프리드리히 엥겔스(F. Engerls, 1820~1895)가 『영국 노동자 계급의 상태』라는 책에서 산업혁명을 언급한 바 있다. 토인비의 조카는 『역사의 연구』라는 책으로 유명한 영국의 역사학자 아놀드 J. 토인비(Arbold Joseph Toynbee, 1889~1975)이다.

간을 대체하기 시작하였다.

섬유 산업에서는 방적기와 기중기를 이용해 목화를 실로 바꾸는 기술이 발명되었다. 기술의 발달은 노동 생산성을 대폭 높였다. 시간이 지나면서 양털과 린넨•을 실로 변환시키는 기술에도 적용되었다. 증기 기관의 발전은 연료의 절약을 가능하게 하였다. 연료를 10~20%만 사용하면 과거와 비슷한 성능을 낼 수 있는 기술도 잇달아 발명되었다. 특히, 주된 연료를 목재에서 석탄으로 바꾸면서 효율성이 대폭 높아졌다. 석탄을 사용하면서 화덕의 크기도 훨씬 커져 철 생산에 규모의 경제••를 달성하게 되었다.

1차 산업혁명은 기술에서 시작되었지만 당시 일상생활의 많은 부분을 바꾸었다. 기술을 잘 활용할 줄 알았던 개인들의 소득은 빠른 속도로 늘었다. 하지만 농촌이나 기술 발전에서 소외된 사람들은 빈곤층으로 전락하였다. 평균적으로 소득은 늘었지만 빈부 격차는 확대되었다. 19세기 들어 영국의 산업혁명은 유럽 각지로 확산되었다. 각국은 산업혁명의 결과를 자기 나라 형편에 맞게 받아들였다. 예를 들어, 프랑스에서는 섬유 산업이 발전하였고, 벨기에는 철강 제조 산업이 발달하였다.

산업혁명을 통해 인류의 경제생활은 한 단계씩 도약하였다. 경제생활뿐만 아니다. 정치, 사회, 문화 등 인간 생활사의 모든 면이 질적으로 바뀌었다. 혁명을 선도하고 이끌며 적응해 나간 개인과 국가는 번영하였고, 반대의 경우는 몰락의 길을 걸었다. 19세기 이후 영국을 필두로 한 서구의 부상과 중국을

• 린넨(linen)은 아마 줄기로부터 추출되는 천연 섬유로 여러 가지 옷을 만드는 데 사용된다.

•• 규모의 경제란 투입량을 2배로 늘렸을 때 산출량이 2배 이상 되는 생산 방식을 말한다. 예를 들어, 공장 1개에서 100개의 물건을 생산하는데 동일한 규모의 공장을 2개 지었을 때 산출량이 200개 이상 늘어나는 경우는 규모의 경제가 작동한다고 볼 수 있다.

비롯한 아시아권의 몰락도 산업혁명과 관련이 깊다. 동아시아에서 강자로 부상한 일본도 산업혁명이 가져오는 세계적 변화에 잘 적응한 결과이다.

세상의 큰 변화가 발생하자 이 변화를 설명하는 이론이 잇달아 나왔다. 그중 대표적인 것이 1차 산업혁명 전후에 등장한 경제학이다. 애덤 스미스, 데이비드 리카도, 앨프레드 마셜로 이어지는 경제학은 산업혁명 이후 본격화한 자본주의 경제 체제를 정교하고 직관적인 논리로 설명하였다. 이들의 이론을 후대의 경제학자들이 발전시켜 경제학의 체계를 확립하였다. 경제학적 논리는 수학과 결합하면서 시간이 갈수록 그 정교함을 더해 갔다. 당시 대표적인 경제학자인 애덤 스미스, 데이비드 리카도 등은 기본적으로 경제적 자유의 중요성을 강조하였다. 개인들에게 경제적 자유를 보장할 경우 사회의 생산성이 보다 높아질 것으로 보았다.

국가 간에도 자유로운 무역을 할 때 국가의 이익이 증가할 것으로 생각하였다. 사회적으로 개인들의 권리가 강화되고 제조업의 생산성이 발달하던 시기에는 이들이 제시한 경제 원리로 많은 것을 설명할 수 있었다. 그들이 제시한 경제학은 철학적으로는 경제적 자유를 중요시하였고, 기술적으로는 상품을 만드는 데 투입되는 노동의 양으로 가치를 설명하려고 시도하였다.

애덤 스미스는 '보이지 않는 손'이라는 개념을 활용해 시장에서 개인들의 경제적 자유를 보장하면 사회적으로 효율적인 상태에 도달할 수 있다는 이론을 폈다. 여기서 사회적 효율성이란 한 국가의 생산성을 최대로 끌어올릴 수 있다는 것을 의미한다. 스미스는 또 개인의 소비가 국가의 부를 가늠 짓는 원천이라는 개념도 도입하였다. 국가가 생산을 많이 하고 이를 통해 국민들이 소비를 많이 하도록 만드는 것이 국가를 부유하게 만드는 방법이라고 생각하였다.

리카도는 물건을 만들 때 들어가는 노동 시간이 물건의 가치를 형성한다는 '노동가치론'을 제기하였다. 물건의 가치를 측정할 수 있는 것의 원천은 인간의 노동이라는 것이다. 이 노동가치론은 당시 경제학자들 사이에서 많은 공감을 얻었다. 이후 리카도는 노동가치론에 기반을 두어 국제 무역을 설명한다. 두 국가가 물건을 만들 때, 상대적으로 투하 노동량이 적은 물건에 특화해 서로 거래를 하면 모두가 윈윈 할 수 있다는 논리를 만들었다. 그리고 그는 이런 가치 이론에 입각한 무역 이론을 '비교우위론'이라고 이름 지었다.

스미스와 리카도를 필두로 하는 경제학자들을 고전파 경제학자라 불렀다. 그들이 제시한 시장에 의한 교환의 효율성, 노동가치론, 비교우위론 등 경제학의 핵심 개념들은 지금은 당연한 것처럼 보이지만 당시로서는 혁명적인 것이었다.

예를 들어, 16세기 금이 돈 노릇을 할 때 유럽 국가들은 나라 곳간에 금을 많이 쌓아 놓으면 부자 나라가 된다고 생각하였다. 그들은 앞다투어 돈 버는 방법을 연구하였다. 방법은 단순하였다. 다른 나라에 물건을 많이 팔고 덜 사들이면 돈이 들어온다. 특히, 자기 나라 물건은 비싸게 팔고 다른 나라 물건은 싸게 사면 돈은 더 많이 들어온다. 국가 간에 서로 비싸게 팔려는 다툼이 생기면 힘으로 해결한다. 국가 간에도 법은 멀고 주먹은 가까운 법이다. 불공정한 무역으로 돈을 벌어 나라 곳간에 쌓아 놓고 군대를 동원해 이 돈을 지키고 다른 나라가 말을 안 들으면 협박하고 싸우는 것으로, 16세기부터 18세기까지 250여 년간 유럽을 풍미하였던 이런 생각을 '중상주의'라 불렀다.

당시 국가들은 다른 나라와의 경제, 외교 관계를 '제로섬 게임'으로 보았다. 한쪽이 이익을 보면 다른 쪽은 반드시 손해를 보는 게임이다. 손해를 안 보기 위해 다른 나라를 겁박하고 이게 안 먹히면 전쟁까지 불사한다. 협박에 무너진 나라는 식민지로 전락하였고 강대국 간에는 무역과 군대를 축으로 한 패권 전쟁이 벌어졌다. 수많은 사람이 죽어 나갔고 국가 간에는 긴장의 연속이었다. 경쟁에서 이긴 나라들의 곳간에는 금이 넘쳤다.

그런데 무엇인가 이상하였다. 수많은 희생 끝에 곳간에 금이 쌓인 나라에서도 국민의 삶은 생각보다 나아지지 않았다. 사람들이 꼼꼼히 따져 보았다. 그 결과 중상주의는 '선으로 포장된 악의 길'이라는 결론을 내렸다. 영국의 철학자이자 경제학자인 데이비드 흄•이 포문을 열었다. 국가가 물건을 많이 팔아 금이 대규모로 유입된다고 사람들이 금을 먹고 입을 수는 없다. 중상주의 원칙이 '외국 물건 덜 사기'이니 금으로 외국 물건을 살 수도 없다. 그러다 보면 금으로 표시된 물가만 올라간다. 국가가 부자가 되기 위해 그렇게 노력해 금을 모았건만 돌아오는 건 물가 상승이다.

스미스는 부자 나라는 금을 쌓아 둔 나라가 아니라 국민들이 잘 먹고 잘 사는 나라라고 보았다. 국민들이 소비를 늘리려면 생산을 많이 해야 하고 무역을 통해 다른 나라 물건도 많이 들여와야 한다. 그는 "중상주의는 국가의 부가 금이라는 착각에서 비롯되었다."라고 하였다. 중상주의는 수많은 사람들을 전쟁으로 몰아넣고 국가 간 분쟁을 불러왔지만 실속은 아무것도 없는 논리로 폄하되면서 설 자리를 잃었다.

• 데이비드 흄(David Hume, 1711~1776)은 영국의 철학자, 경제학자 겸 역사가로 꼽힌다. 철학에서는 '영국 경험론'의 대가로, 경제학자로서는 통화량과 물가가 비례한다는 '화폐수량설'의 아이디어를 처음 제시한 인물로 지목된다.

애덤 스미스를 필두로 한 고전파 경제학자들의 이론은 중상주의처럼 당시에 팽배하였던 사상을 혁명적으로 바꾼 이론들이다. 베이컨의 대혁신을 연상시키는 부분이다. 세상은 시대의 오류를 통해 조금씩 발전하는 것이지만 1차 산업혁명을 진후로 한 사람들의 사고방식, 특히 경제학적 사고방식의 변화는 가히 혁신적인 것이었다. 이후 경제학은 계속 조금씩 발전하였다. 기본적으로 경제적 자유를 중시하는 풍토는 이어졌다. 이 기반 위에 기존 경제학에서 설명하지 못하였던 경제 현상들을 하나하나 보완하면서 계속 발전해 갔다.

3

볼록한 경제의 등장

2차 산업혁명은 1차 산업혁명에 이은 두 번째의 근본적인 변화이다. 1차 산업혁명과 질적으로 차별화되는 부분은 많지 않았지만 미국의 경제사학자 데이비드 랜데즈•는 2차 산업혁명에서의 기술적 진보를 강조하였다. 2차 산업혁명의 시기는 대략 1870년대부터 제1차 세계 대전이 발발하였던 1914년까지의 기간을 일컫는다.

2차 산업혁명 시기의 가장 큰 특징은 전기, 철강, 석유화학 산업의 발전과 내연 기관••의 등장이다. 여기에 전기를 기반으로 한 통신 기술도 빠른 속도로 발달하였다. 또 이 시기에 철도 등 사회 간접 자본이 대규모로 건설되었고 제조업 공정에 많은 기계와 기술들이 도입되었다. 이들 산업은 서로간에 시너지 효과를 발생시키며 빠른 속도로 발전하였다. 석유와 같은 자원이 내연 기관의 동력으로 본격적으로 이용되면서 광범위한 시너지 효과를 일으켜 산업 발

• 데이비드 랜데즈(David Landes, 1924~2013)는 하버드대 교수를 재임한 경제학자이자 역사가이다. 그는 1969년에 펴낸 자신의 책 *The Unbound Prometheus: Technological Change and Industrial Development in Western Europe from 1750 to the Present*에서 2차 산업혁명에 대해 언급하였다.

•• 내연 기관(內燃機關)은 연료와 공기 따위의 산화제를 기관 내부의 연소실에서 연소시켜 에너지를 얻는 기관이다. 내연 기관의 이러한 방식은 기관 외부의 열을 이용하는 증기 기관과 같은 외연 기관과 구분된다.

전을 촉진하였다.

영국에서 시작된 산업혁명은 2차 산업혁명 기간 중 독일, 미국, 프랑스 등 다른 국가들로 본격적으로 확산되었다. 아시아에서는 일본이 2차 산업혁명에 동참하였다. 산업 발전도 다변화되었다. 1차 산업혁명이 섬유 산업의 기술에 집중되었다면 2차 산업혁명은 철강, 철도, 석유, 화학, 전기 등 광범위한 제조업 영역으로 확산되었다. 각종 발명과 혁신이 과학에 기반을 두고 이루어졌다. 또 1차 산업혁명은 자연스럽게 2차 산업혁명으로 스며들었다. 1차 산업혁명 때 유행하였던 증기 기관을 활용한 기계 및 제조 기술은 이후에도 그 범위를 넓히면서 계속 활용되었다.

1차 산업혁명이 국가 단위에서 자본주의의 기틀을 만드는 계기가 되었다면 2차 산업혁명 때는 자본주의가 세계로 이식되는 시기였다. 이 시기에 자본주의가 확립된 영국, 프랑스 등 유럽 국가들은 아시아와 아프리카 및 아메리카의 여러 나라들을 식민지로 삼는 제국주의의 길을 걸었다. 자본주의가 필연적으로 야기하는 과잉 생산 문제를 식민지를 통해 해결하고, 식민지로부터 낮은 임금과 원가의 노동력과 원료를 제공 받았다. 고전적 의미의 자본주의가 가장 왕성하게 꽃을 피운 시기이기도 하였다.

2차 산업혁명기에 경제학은 더욱 발전하였다. 이때의 경제학은 고전학파 경제학의 사상적 흐름을 그대로 가져왔다. 그러면서도 경제학은 보다 정치해졌다. 우선 가격에 의한 자원 배분을 설명하기 위해 수요 측에 대한 설명이 가미되었다. 애덤 스미스와 리카도가 주축인 고전파 경제학에서는 수요에 대한 개념이 존재하지 않았다. 생산물이 어떻게 만들어지고 어떻게 분배되는가에 대한 관심은 있었지만 여기에 대한 분석은 공급 측에 한정되었다.

하지만 2차 산업혁명 시기에는 수요에 대한 개념을 만들어 갔다. 수요에 대한 개념을 이끌어 내기 위해 이 시기 경제학자들은 '효용'이라는 개념을 도입하였다. 효용이란 재화나 서비스를 소비하면서 느끼는 주관적인 만족감이다. 영국의 경제학자 앨프레드 마셜••은 한계 효용•••이라는 개념을 도입해 사람의 수요가 어떻게 만들어지고 수요가 어떻게 가격 형성에 기여하는지를 설명하였다. 예를 들어, 내가 밥 1공기를 먹었을 때 느끼는 만족감이 있다. 이것을 어떻게 표현할지 경제학자들은 많은 고민을 하였다. 그 결과 여러 가지 특징을 찾아냈다. 우선 사람들은 재화를 많이 소비하면 점점 그 효용이 떨어진다는 것을 알게 되었다. 배가 고플 때 처음 먹은 밥 1공기가 가장 맛있고 그 다음 밥 1공기는 맛이 떨어진다. 배가 부를수록 밥 1공기가 주는 효용은 줄어들게 되는 것이다.

다음으로 사람들은 좋고 나쁜 것을 고를 수 있다는 것도 알게 되었다. 예를 들어, 사과와 배 중 어느 것을 더 선호하는지, 아니면 똑같이 좋아하는지를 선택할 수 있다. 비교가 안 되는 것은 없다. 또 내가 사과보다 배를 더 좋아하고 배보다 바나나를 더 좋아한다면, 나는 사과보다는 바나나를 더 좋아한다는 특성이 있다는 가정도 넣었다.

얼핏 보면 맞는 말인 것 같지만 사람의 선호가 정확히 이런 특성을 가질

• 예를 들어, 리카도의 노동가치론은 물건의 가치와 가격은 물건을 만드는 과정에서 투입된 노동량에 의해 결정된다고 설명하였다. 수요 측면에 대한 분석은 없었다.

•• 앨프레드 마셜(Alfred Marshall, 1842~1924)은 『경제학 원칙』(*Principles of Economics*, 1880)이라는 책에서 공급과 수요의 원리를 체계적으로 설명하였다.

••• 한계 효용(marginal utility)이란 소비를 할 때 마지막 1단위로부터 얻는 효용이다. 예를 들어, 밥 1공기를 먹었을 때의 만족감을 10, 2공기를 먹었을 때의 만족감을 17이라고 한다면 2공기 먹었을 때의 총효용은 17, 한계 효용은 7이 된다.

이유는 없다. 그래도 이론을 만들기 위해 보편적인 인간의 특성을 생각해 이를 도식화하였다. 그렇게 만들어진 경제학 이론이 수요 이론이다. 또 이때 사람이 소비하는 패턴 중에서 가장 중요한 의미를 가지고 있는 것이 마지막에 소비하는 것이라는 생각도 도출해 냈다. 즉, 개인의 효용이 가격으로 연결되는 매개고리는 물건을 모두 소비할 때 느끼는 효용이 아니고 물건을 1단위 추가로 소비할 때 느끼는 효용이라는 생각도 해냈다. 물건을 마지막 1단위 소비할 때 느끼는 만족감을 '한계 효용'이라고 불렀다. 이런 개념들을 경제학에 도입해 물건의 수요 함수를 도출해 냈다.

앨프레드 마셜은 이런 개념들을 집대성해 경제학의 수요와 공급 이론을 만들면서 "수요와 공급은 가격을 결정하는 양날의 칼"이라고 하였다. 애덤 스미스와 리카도로 대표되는 고전학파가 역설하였던 노동가치론은 공급 측면에서 가격 결정의 원리를 찾았다면, 신고전파는 수요와 공급 양 측면이 모두 가격 결정의 중요한 원리라는 점을 역설한 것이다.

이 시기에는 또 경제 현상에서 균형의 개념을 도입해 설명하려는 노력도 있었다. 이를 통해 경제 이론의 가장 중요한 개념 중의 하나인 '일반 균형 이론'의 토대도 나왔다. 프랑스의 경제학자 레옹 발라(Léon Walras)• 는 고전학파인 애덤 스미스가 말하였던 '보이지 않는 손'을 보다 구체적으로 설명하는 이론을 만들었다. 발라는 여러 개의 재화가 시장에 동시에 존재하는 상황을 가정하고 여기서 각각의 수요와 공급을 중재하는 경매인 역할에 의해 시장에서 일반

• 레옹 발라(Léon Walras, 1834~1910)는 프랑스 출신의 수리경제학자이다. 한계 효용 이론과 함께 경제 내의 모든 시장은 수요와 공급이 일치하는 균형을 달성할 수 있다는 점을 주장한 일반 균형 이론의 발전을 이룩한 경제학자이다.

균형이 존재함을 설명하였다. 일반 균형이 존재한다는 것은 시장 가격이 자원을 배분함에 있어서 매우 중요하고 근본적인 역할을 한다는 것을 강조하는 결정적인 계기가 되었다.

이 시기에는 경제 현상의 효율성을 정의하는 새로운 노력도 있었다. 이탈리아 경제학자인 빌프레도 파레토•는 '파레토 효율성'(Pareto efficiency)이라는 개념을 통해 경제 전체의 효율성을 측정하려고 하였다. 파레토 효율성이란 다른 사람의 효용을 감소시키지 않으면서 나의 효용을 증가시킬 수 없는 상태를 말한다. 즉, 사회적으로 다른 사람의 효용 감소 없이 내가 효용을 늘릴 수 없다면 이는 효율적인 상태라고 볼 수 있다는 것이다. 다른 사람의 효용 감소 없이 나의 효용을 늘리면 이는 '파레토 개선'(Pareto improvement)이라고 할 수 있다. 자원 배분이 '파레토 개선'을 달성할 수 있도록 배분된다면 그런 배분은 이전보다 우월하다고 볼 수 있다는 게 파레토의 생각이었다.

2차 산업혁명 당시 수립된 이런 개념들이 자본주의 경제학의 근간을 이룬다. 1차 산업혁명 이후 자본주의가 발달하는 과정에서 고전파 경제학이 형성되었다면 2차 산업혁명으로 자본주의가 한층 도약하는 시점에서는 신고전파 경제학이 만들어졌다고 볼 수 있다.•• 이처럼 자본주의 경제의 발전과 경제학의 발전은 비슷한 속도로 이루어졌다.

이 시기에 경제학은 개념적으로도 발전하였지만 방법론적으로도 발전하

• 빌프레도 파레토(Vilfredo Federico Damaso Pareto, 1848~1923)는 이탈리아 출신의 정치학자 겸 경제학자이다. 파레토 효율성(Pareto efficiency)이라는 개념을 만들었다. 또 상위 20%의 사람이 사회 전체 부의 80%를 차지한다는 점을 관찰하고 역설한 경제학자이기도 하다. 이는 나중에 파레토 법칙으로 불렸다.

•• 신고전파 경제학은 앨프레드 마셜을 비롯한 이 시기의 경제학자들에 의해 만들어진 경제학을 말한다. 경제적 자유를 갖는 개인들 간의 거래를 통해 시장에서 균형 가격이 형성되고 이를 통해 자원이 효율적으로 배분될 수 있다는 점을 역설하는 이론이다.

였다. 수학이 본격적으로 도입된 것도 이 시기였다. 수학이 도입되면서 경제 이론들은 훨씬 정치해졌다. 몇 가지 가정을 통해 원리를 도출하는 방식으로 경제학은 발전하였다. 예산 집합(budget set), 극대화(maximization), 극소화(minimization), 균형(equilibrium), 탄력성(elasticity) 등 수학적인 개념이 경제학에 본격적으로 도입되었다. 사회 과학이면서도 수학을 통해 논리의 엄밀함을 추구하는 경제학이 본격적으로 완성되기 시작한 것도 이 시기이다.

4

친구에서 적이 된 기계

3차 산업혁명은 인터넷을 통한 광범위한 정보 유통과 각종 재생 에너지•를 통한 에너지의 대중화를 통해 발생하는 경제 사회의 변화를 말한다. 미국의 경제학자이자 사회학자인 제레미 리프킨(Jeremy Rifkin)이 지난 2011년에 발간한 『3차 산업혁명』(*The Third Industrial Revolution*)을 통해 정의되고 대중들에게 알려졌다. 4차 산업혁명이라는 개념이 등장하기 전까지 우리 사회가 3차 산업혁명의 연장선상에 있는 것으로 인식되기도 하였다.••

전 세계 사람들을 하나의 가상 공간으로 연결할 수 있는 인터넷의 발전은 분명 새로운 시대의 개막을 알린 요인이다. 현대인들은 인터넷이 없는 세상은 상상할 수 없을 정도로 인터넷은 우리들의 생활 깊숙이 들어와 있다. 정보의 독점을 막고 정보의 개방을 촉진하기 위한 가장 중요한 전제 조건이 인터넷의 발전이다. 리프킨은 이와 함께 21세기 이후의 시대에는 많은 사람들이 재생 에

• 재생 에너지(renewable energy)는 태양, 바람, 비, 조수, 파도, 지열 등 자연적으로 보충되는 에너지를 말한다. 지구 온난화 등 기후 변화와 에너지 고갈 등의 문제를 일으키지 않으면서 에너지를 만들어 낼 수 있기 때문에 미래의 에너지로 각광 받고 있다.

•• 일부에서는 3차 산업혁명과 4차 산업혁명 간에는 본질적인 차이가 없다는 주장을 내놓기도 한다. 하지만 뒤에 설명할 4차 산업혁명이 3차 산업혁명의 변화를 포괄하면서 융합과 속도의 개념을 추가한 것이라는 설명이 설득력을 얻고 있다.

너지를 생산할 수 있을 것으로 전망하였다. 화석 연료를 통해 생산하는 에너지는 막대한 자본과 대규모 설비가 필요하지만 재생 에너지는 소규모의 사람들과 작은 자본으로도 만들 수 있다는 점이 근본적인 차이점이다. 아울러 많은 사람들은 자신들이 생산한 재생 에너지를 인터넷으로 정보를 공유하듯이 다른 사람들과 공유할 수 있을 것으로 예상하였다. 인터넷을 통한 정보 공유와 재생 에너지의 확산은 새로운 경제적 패러다임을 구축할 수 있도록 해주고 이를 통해 세상이 크게 변화할 것으로 전망하였다.

대량 생산보다는 다품종 소량 생산이 주류를 이루고, 교환하는 방식에서도 시장에서의 대량 거래보다는 인터넷을 통한 소량 거래가 확산될 것으로 전망하였다. 이로 인해 생산의 민주성과 다양성이 확보될 수 있을 것이라고 주장하였다. 빅 데이터의 개념도 3차 산업혁명과 함께 등장하였다. 인터넷을 통해 축적된 생산, 소비, 물류 등의 대규모 데이터가 3차 산업혁명의 플랫폼을 통해 서로 연결되고 다양한 경제 주체들에게 전달된다. 이를 통해 생산성도 비약적으로 높아진다.

3차 산업혁명의 또 다른 특징은 개방성이다. 인터넷의 발달로 더 이상 각종 정보를 특정인이나 특정 기업, 또는 정부가 소유하는 것은 불가능해졌다. 인터넷을 통해 정보 유통 속도는 매우 빨라졌고, 수많은 정보를 소수가 독점하기에는 인터넷 공간의 이용자들이 너무 많아졌고 이들은 서로 긴밀하게 연결되어 있다. 정보의 개방과 이로 인한 경제, 사회적 변화도 광범위하게 발생하고 있다. 선진국은 물론 아시아, 아프리카, 남아메리카 등 전통적으로 개발도상국이 많은 지역까지 3차 산업혁명은 빠른 속도로 확산되었다.

3차 산업혁명 때는 생산 조직도 바뀐다. 제조업 중심으로 전개된 1, 2차 산업혁명 때는 대규모 생산 조직을 가지고 있는 대기업들에게 유리한 생산 조직이 유행하였다. 기업을 운영하기 위해서는 많은 자본이 필요하였고, 돈 있는 사람을 중심으로 의사 결정이 이루어졌다. 하지만 3차 산업혁명 때는 인터넷을 활용해 등장한 플랫폼 기업은 처음부터 대규모 생산 조직을 통해 진입한 것은 아니었다. 구글, 페이스북, 아마존 등 현재 미국에서 가장 큰 규모를 자랑하는 기업들은 아주 작은 규모에서 출발해 점점 세력을 키워 나갔다. 이들 기업은 기계보다 인적 자본을 중시하였고 조직력보다 개인의 창의력을 우선시하였다. 이런 기업들이 새로운 아이디어로 무장하고 무섭게 뻗어 나갔다.

하지만 기업의 영속성은 떨어진다. 새로운 기업들이 속속 진입하면서 기업의 수명도 짧아지고 있다. 미국의 경제 전문지 『포브스』가 선정한 100대 기업을 살펴보면 지난 2007년에 100위권에 속하였던 기업 중 41개만이 2018년에도 100위권에 계속 존재하는 것으로 조사되었다.• 60%가 넘는 기업이 10년 새 100위권 밖으로 밀려났다는 이야기이다. 이중에는 망한 기업도 상당수 있다. 이처럼 기업들의 흥망성쇠가 가속화되는 것이 3차 산업혁명의 특징이다.

3차 산업혁명을 위한 인프라 구축 작업 등으로 수십만 개의 비즈니스와 수억 개의 직업들이 새로 생겨났다. 3차 산업혁명은 또 글로벌 제조업 중심 시대의 종말을 고하였다. 이제는 네트워크와 협조적 행동과 기술자들에 의한 새로운 산업 시대로의 전환을 예고하였다. 각종 플랫폼을 비롯해 빅 데이터를 이용한 기술들이 등장하면서 사람을 밀어내기 시작한 시대이기도 하다.

3차 산업혁명 시대를 설명하려는 경제 이론에도 변화가 있었다. 우선 정

• 매일경제신문, 2018년 9월 10일자 보도.

보의 중요성이 강조되었다. 신고전파 경제학에서는 모든 사람들이 가격 결정과 관련한 정보를 가지고 있다고 가정하였다. 하지만 이는 비현실적인 가정이다. 1990년대 이후 정보의 중요성이 강조되면서 많은 사람들에게 정보가 보급되기도 하였지만 정보를 많이 가진 사람과 적게 가진 사람 간의 격차도 커졌다. 무엇보다 정보를 얼마나 가지고 있는지에 따라서 사람들의 의사 결정 방식이 달라질 수 있다는 것도 깨달았다.

예를 들어, 중고차 매매 시장에서 중고차를 파는 사람은 차에 대해서 매우 잘 안다. 반면 중고차를 사는 사람은 차에 대해 잘 모른다. 이때 중고차를 파는 사람 입장에서는 거래를 할 때 차의 단점을 최대한 알려 주지 않으려고 하고 차를 사려는 사람은 최대한 알아내려고 한다. 각자 정보를 모른 채 거래하면 안 좋은 차를 비싸게 사게 되는 폐단이 발생한다.

회사의 주주가 정해진 월급을 주고 최고 경영자(CEO)를 고용할 때도 유사한 문제가 발생한다. 보수가 확정된 CEO는 일을 열심히 할 유인(인센티브)이 없다. 반면 주주는 CEO의 이런 성향을 알기 때문에 최대한 열심히 일을 할 수 있도록 제도적인 장치를 마련해야 한다. 기본급과 성과급을 나누어 성과가 많이 났을 때 보수를 늘려 주는 것도 정보 비대칭성에 따른 문제를 해결하는 한 방법이다. 이런 문제를 어떻게 해결할 수 있을지에 대한 고민과 그 해법을 제시하는 것이 경제 이론의 주된 관심사였다.

자본주의의 경기 변동을 설명하는 것은 경제학자들의 오래된 숙제였다. 하지만 만족할 만한 대답을 얻지 못하였다. 자본주의의 경기 변동을 해결하려는 노력은 1990년대 실물적 경기 변동 이론(real business cycle(RBC) theory)이라 불리는 이론으로 발전한다. 이 이론은 경기 변동을 외생적 충격에 의해 경제가 반응하는 과정으로 설명한다. 여기서 개인은 풍부한 정보를 가지고 합리적 추론을 하는 이성적인 존재로 묘사된다. 이를 통해 RBC 이론이 설명하고자 하는 것은 정부의 인위적인 개입으로 경기 변동을 바꿀 수 없다는 점을 지적한다. 통화량을 조정하거나 정부 재정 지출을 늘리고 줄이는 것을 통해 경기 변동을 조절하기 어렵다는 것을 이론적으로 입증하고자 노력하였다.

이 과정에서 경제 전체에 대한 설명을 개인의 행동으로부터 설명하려는 이론이 급성장하였다. RBC 이론은 경제 내부에 존재하는 대표적 개인의 행동을 분석하는 것으로부터 출발해 경기 변동을 설명한다. 경제 전체적인 변화를 한 사람의 개인 행동을 분석함으로써 설명하는 셈이다. 개인의 행동을 설명하는 부분은 상당히 정치하게 분석된다. 개인의 의사 결정 특성을 도출해 내고, 이 행동이 경기 변동을 이끄는 식의 방법론을 활용하였다. 이 과정에서 수많은 데이터와 경제 모형이 활용되었다. 이 이론은 경기 변동을 명쾌히 설명하지는 못하였으며, 이론이 설명하지 못하는 경기 변동 과정이 많았다. 하지만 많은 데이터와 정보를 경제 현상을 설명하는 데 활용할 수 있도록 만들어 경제학의 방법론을 한 단계 발전시켰다.

시장의 실패에 대한 고민도 있었다. 시장 경제와 관련된 이론은 모든 사람이 진입 장벽이 없이 시장에 진출해 경쟁을 벌이는 완전 경쟁 시장을 가정하였지만 현실 경제에서 완전 경쟁 시장과 유사한 모습은 찾아보기 어려웠기 때문이다. 수많은 기업이 서로 경쟁하는 환경이 완전 경쟁 시장에 가깝지만 현실에서 하나의 산업은 2~3개의 기업이 서로 시장을 나누어 갖는 경우가 많았다. 또 일부 시장은 독점에 가까웠다. 완전 경쟁 시장의 원리는 독점과 과점 시장에서는 왜곡된다. 예를 들어, 독점 시장의 경우 기업은 완전 경쟁 시장의 균형 가격보다 높은 수준에서 가격을 정한다. 이 가격은 기업의 이윤은 높여 주지만 이 기업의 물건을 사는 개인들은 시장 가격보다 높은 값을 주고 물건을 사야 하기 때문에 경쟁 시장에서 물건을 살 때보다 손해를 보게 된다.

이런 시장의 변화가 구조적인 변화인지 아니면 일시적인 변화인지를 놓고 논란이 벌어졌다. 구조적인 변화라면 완전 경쟁을 가정하는 기존 경제 이론의 프레임으로는 설명할 수 없는 현상이 발생한 것이기 때문이다. 하지만 경제 이론가들은 독점의 문제를 시장 경제 이론의 틀에서 풀기 위해 노력하였다. 현실은 바뀌었지만 경제 이론은 이 시기에 독점의 문제를 해결하기 위해서는 경쟁을 촉진하는 방식으로 문제를 풀어야 한다고 주장하였다. 독점의 폐해가 커질 경우 정부가 개입해야 한다는 주장도 있지만, 정부의 개입은 또 다른 비효율성을 낳기 때문에 자제해야 한다는 주장이 더 설득력을 얻었다.

시장의 형성 자체가 어려운 경우도 있었다. 예를 들어, 공장이 물건을 만들면서 폐수를 흘려보내면 주변에 있는 사람들이 피해를 보게 된다.• 이때 공장이 만들어 내는 물건은 시장이 형성되어 있지만 이 공장이 흘려 내보내는 폐수는 시장이 없다. 이 경우 정부가 규제를 통해 단속을 하는 경우가 일반적이다. 하지만 경제 이론은 깨끗한 물을 향유할 권리에 대한 시장을 만들어 주면 개인 간의 자발적인 거래에 의해 폐수가 적정량으로 줄어들 것이라는 주장을 내놓았다. 3차 산업혁명기에는 자유 시장 만능주의에 대해 경고를 보내는 여러 가지 경제 현상이 발생하였다. 하지만 경제를 설명하는 방식은 시장을 더욱 정교하게 발전시켜 이런 문제를 풀어야 한다는 주장이 득세하였다.

• 이런 현상을 경제학적인 용어로 외부성(externality)이라고 부른다.

5

인공 지능(AI)이 바꾸는 자본주의

4차 산업혁명이라는 용어는 지난 2016년 세계 경제 포럼(일명 다보스 포럼)에서 주제로 사용되면서 세상에 널리 퍼졌다.• 이 포럼에서는 2016년을 4차 산업혁명의 시대로 정의하였다. 포럼에서 4차 산업혁명은 "인공 지능을 비롯한 과학 기술의 빠른 발전과 이로부터 파생되는 정치, 경제, 사회상의 급속한 변화"로 정의되었다. 정치한 개념이라기보다는 일종의 사회적 화두인 어젠다를 제시하는 목적으로 개념이 정의되었다. 처음에는 생소한 용어였지만 '4차 산업혁명'이라는 용어는 이 포럼 이후 전 세계에 빠른 속도로 파급되었다. 그만큼 4차 산업혁명으로 가져올 변화가 사람들의 상상을 초월할 만큼 컸고 그 속도도 빨랐다.

4차 산업혁명을 개념 짓는 키워드는 '속도'와 '융합'이다. 컴퓨터를 통한 인터넷 혁명이 발생한 것은 3차 산업혁명 때이지만 4차 산업혁명기로 들어와서는 그 속도가 한층 빨라졌다. 과거 산업혁명 때 기술의 발전 양식이 '선형

• 세계 경제 포럼(The World Economic Forum)은 매년 1월 세계적인 정치인, 기업인, 언론인, 경제학자 등이 스위스 소도시 다보스에서 모여 개최하는 포럼이다. 글로벌 오피니언 리더들이 가장 많이 참석하는 세계 최대 포럼으로 꼽힌다. 2016년 다보스 포럼의 주제는 '4차 산업혁명의 이해'(Mastering the 4th Industrial Revolution)이었다. 이후 4차 산업혁명이라는 용어는 빠른 속도로 전파되었다.

적'(linear)이었다면 4차 산업혁명기에 기술은 '지수적'(exponential) 속도로 발전한다. 뉴욕 타임즈의 칼럼니스트 토머스 프리드먼•은 4차 산업혁명기를 '가속의 시대'라고 이름 붙였다.

과거 선형적 기술 발전 시대에는 사람들이 새로운 기술에 적응할 수 있는 시간이 주어졌지만 지수적으로 기술이 발전하는 시대에는 사람들이 신기술에 적응할 수 있는 시간이 부족하다. 한번 뒤쳐지면 영원히 기술 변화를 이해할 수 없을 정도로 도태되는 시대가 4차 산업혁명기이다.

4차 산업혁명 시기에는 디지털, 바이오, 오프라인 기술들이 다양하고 새로운 형태로 융합되면서 새로운 부가가치를 창출해 낸다. 인공 지능과 자동차가 결합되어 무인 자동차를 만들어 내고, 인공 지능과 모형 비행기 기술이 결합해 드론을 생산한다. 하나의 새로운 물건 또는 기술이 발명되거나 발견되면 이것이 파급되는 속도는 과거와 비교할 수 없을 정도로 빨리 진행된다.

각종 인터넷 기술의 발달로 세계의 모든 사람들이 연결되는 '초연결성'도 4차 산업혁명의 중요한 특징이다.•• 세계가 하나로 연결된 상태에서 하나의 신기술이 전파되는 속도는 종전과 비교할 수 없을 정도로 빠르다. 4차 산업혁명의 기술은 '파괴적'이다. 4차 산업혁명기에 새로운 기술과 발명품이 생산되면 종전에 유행하였던 유사한 물건은 설 자리를 잃는다. 끊임없는 신기술의 등장은 기존의 기술과 발명품들을 대체한다. 새로운 기술의 수명도 짧기 때문에 신기술은 또 다른 신기술에 자리를 내주고 곧 사라진다. 변화의 속도에 적응하

• 토머스 프리드먼(Thomas L. Friedman, 1953~)은 미국의 칼럼니스트이다. 대표적인 저서로는 『세계는 평평하다』(2005), 『렉서스와 올리브나무』(2000) 등이 있다.

•• 하원규 박사는 저서 『4차 산업혁명』에서 이 혁명의 가장 중요한 특징으로 초연결성, 초지능성과 예측 가능성을 꼽았다.

는 것이 인류의 새로운 숙제로 떠올랐다.

4차 산업혁명의 또 다른 특징은 '초지능성'이다. 모든 사람들이 기계의 힘을 빌려 똑똑해졌다. 현재는 손바닥보다 작은 크기의 스마트폰을 가지고 있으면 모든 지식을 바로바로 확인할 수 있다. 굳이 머릿속에 기억할 필요가 없는 시대이다. 과거 사람의 중요한 능력 중 하나는 기억력이었다. 하지만 4차 산업혁명 시기에는 사람들은 스마트폰에 의존하게 되어 기억력의 중요성이 떨어진다.

논리력도 마찬가지이다. 우리가 어떤 사람을 똑똑하다고 말할 때 논리력도 중요한 기준 중의 하나이다. 그런데 스마트폰과 인공 지능의 힘을 빌리면 웬만한 계산이나 논리적인 사고의 도움을 받을 수 있다. 기계가 사람의 생각이나 능력보다 훨씬 뛰어난 능력을 갖게 되는 시대이다.

4차 산업혁명 시대에는 물건보다 플랫폼이 각광을 받는 시대이다. 미국에서 잘 나가는 기업인 구글, 아마존, 페이스북 등은 모두 물건을 만들지 않으면서도 세계 최고 기업으로 성장하였다. 한국의 네이버와 카카오톡도 플랫폼을 제공함으로써 제조업보다 훨씬 더 많은 돈을 벌고 있다. 플랫폼을 통해 사람들을 연결하는 것이 훨씬 더 많은 부가가치를 생산할 수 있는 시대가 4차 산업혁명 시대이다. 이런 시대에는 기업, 산업 국가 시스템의 변화를 수반할 수밖에 없다. 정부의 기능도 이전과 달라지고 경제 활동을 규제하는 방식도 바뀐다.

인간의 정체성에도 변화가 오고 있다. 미국의 미래학자 레이먼드 커즈와일•은 기계가 인간의 지능을 능가하는 시점을 특이점(singularity)이라고 불렀

• 레이먼드 커즈와일(Raymond Kurzweil)은 미국의 컴퓨터 과학자이며 미래학자이다. 그의 저서 『특이점이 온다』(*The Singularity is near*)에서 2045년까지 인간의 수명을 무한히 연장할 수 있는 기술이 발전할 수 있을 것이며,

다.• 지금은 기계의 지능이 인간보다 낮지만 앞으로 기계의 지능이 발전하면 어느 순간에는 인간의 지능을 능가할 것이라고 예측하였다. 지금 기계 지능의 발전 속도를 감안하면 당연한 일인 것 같다. 기계가 인간의 지능에 근접하면 어떤 일들이 벌어질까. 무수히 많은 변화를 생각해 볼 수 있다. 우선 사람들이 물건을 만들 때의 생산성을 비약적으로 높여 줄 것 같다. 또 물건을 사고팔 때 들어가는 운반 비용 등 기타 제반 비용도 대폭 줄어든다. 그럼 사람들은 적은 노동으로 보다 많은 물건을 만들 수 있다. 평균적으로 사람들의 소득과 삶의 질도 높아질 것이다. 새로운 기술이 나오는 속도가 점점 빨라지기 때문에 물건의 수명도 단축된다. 시장의 지역 간, 국가 간 경계가 사라져 물건을 만들어 내는 사람들은 전 세계에 자신의 물건을 팔 수 있게 된다. 그러다 보면 소수의 생산자들이 시장을 독점하게 된다.

4차 산업혁명은 노동과 자본 시장에서의 변화도 가져온다. 단순 노동과 자본보다 재능과 기술이 중요한 생산 요소로 부상한다. 인터넷으로 광범위하게 얽히고설킨 상황에서는 새로운 기술과 반짝이는 아이디어만 있으면 많은 사람으로부터 빠른 시간 안에 사업 자금을 모을 수 있다. 그만큼 돈을 가진 사람들의 기술을 보는 안목도 높아진다. 기업의 흥망성쇠 속도가 빨라짐에 따라 부의 손 바뀜도 활발하게 일어난다. 돈이 없어 사업을 못하는 기업은 줄어들고 기술이 없어 도태되는 기업의 수는 점점 늘어나게 된다.

4차 산업혁명의 그림자도 있다. 대표적인 것이 양극화 문제이다. 재능과

또 인공 지능이 인간의 지능을 능가할 것이라고 예측한 바 있다.

• 특이점이란 수학, 물리학 등에서 사용되는 용어로 어떤 기준을 정하였을 때 이 기준이 사용되지 않는 점을 의미한다. 예를 들어, 수학에서는 극한값이나 미분값을 갖지 않는 어떤 점을 의미한다. y=1/x라는 함수에서 x=0인 경우가 특이점에 해당된다.

기술을 가진 사람과 이를 적극적으로 발굴하고 창조하는 기업은 빠른 속도로 성장하지만 그렇지 못한 개인과 기업은 즉각적으로 도태된다. 단순 육체노동과 하이테크 기술자들로 일자리가 양분되면서 어정쩡한 중산층은 설자리를 잃어버린다.

정부의 운용 방식이나 조직의 변화도 예상된다. 산업과 개인들의 파괴적이고 혁신적인 변화를 이해하고 효율성과 투명성을 계속 높여 가는 정부는 생존이 가능하지만 그렇지 못한 정부는 도태될 수밖에 없다.

국가 간의 관계도 변하고 있다. 사이버 공간이 활성화되면서 전쟁과 평화, 전투와 비전투, 폭력과 비폭력 간의 경계가 모호해지고 있다. 또 소수의 개인이 사회 전체적으로 큰 영향을 미칠 수 있다. 이 같은 변화의 흐름을 감지하고 대안을 마련해야 하는 것도 정부와 국민들의 몫이다. 아울러 개인들의 소비 패턴과 자기 개발 방식 등도 4차 산업혁명과 더불어 근본적으로 바뀔 전망이다. 이럴 때일수록 강조되는 것이 휴머니즘이다. 다보스 포럼의 클라우스 슈밥 회장도 "미래 기술이 아무리 발전해도 인간의 통제를 벗어나서는 안 된다."라고 강조하였다. 아무리 로봇이 활성화된다고 해도 인간으로부터 영혼과 가슴을 빼앗아 가는 식으로 기술 발전이 이루어져서는 안 된다. 세상이 점점 기계가 인간의 능력을 초월하는 시대로 가고 있다. 21세기 새로운 형태의 휴머니즘이 요구되고 있다.

2016년 글로벌 베스트셀러 『사피엔스』의 저자 유발 하라리•는 "기계가 아무리 발전하더라도 고통을 느끼지는 못할 것"이라고 예상하였다.•• 그가 말

• 유발 하라리(Yuval Noah Harari, 1976~)는 예루살렘 히브리 대학교 역사학과 교수이다. 세계적인 베스트셀러 『사피엔스』, 『호모데우스』 등의 저자로도 유명하다.

하는 '고통'은 육체적 고통과 함께 심적인 고통까지 포함하는 것이다. 인간의 지능을 넘어선 기계도 인간이 가지고 있는 고통을 느끼지는 못한다. 고통이야말로 특이점이 오더라도 인간과 기계를 구분할 수 있는 요소가 될 것으로 유발 하라리는 예견하였다. 고통을 느끼는 존재들끼리의 공감대가 인간을 규정짓는 요소가 될 것이다.

4차 산업혁명 시대의 경제는 어떤 모습일까. 3차 산업혁명 시대와는 분명 다를 것이다. 경제가 달라지면 경제를 설명하는 방식도 달라져야 한다. 1차 산업혁명 때 만들어진 경제 이론은 3차 산업혁명 시대에 꽃을 피웠다. 방법론상으로 가장 정교화되었고 가장 많은 경제 현상을 논리적으로 설명할 수 있었다. 합리성을 강조하는 경제적 사고는 모든 사회 과학을 설명하는 기본 틀이었다. 하지만 4차 산업혁명이 기존의 1~3차 산업혁명과 질적으로 다른 만큼 4차 산업혁명을 설명하는 경제 이론도 기존과는 달라져야 한다. 어떻게 다를까. 4차 산업혁명의 진행이 보여 주는 현실과 기존의 경제 이론은 양립할 수 있을까. 이제부터 4차 산업혁명 시대에 발생하는 현상과 경제 이론의 변화를 살펴보자.

●● 매일경제신문, 2016년 4월 28일자.

제 2 부

경제 패러다임의 변화

1

시장 경제 가격의 마법

현대를 사는 사람들의 생활은 가격에서 시작해서 가격으로 끝난다. 나의 하루 일과를 살펴보았다. 나는 오늘 회사에서 점심 때 5,000원짜리 짜장면을 먹고 1,250원짜리 전철을 타고 집으로 돌아왔다. 집에 오는 길에 5만 원짜리 연극 포스터를 보면서 한번 가보고 싶다는 생각을 하였다. 집에 왔더니 아이가 10만 원짜리 운동화를 사달라고 조른다. 나는 이번에는 5만 원짜리 운동화를 사는 게 어떠냐며 실랑이를 벌였다.

일상생활에서 가격이 없는 세상은 상상하기 어려울 정도로 우리는 수많은 가격을 접하면서 살고 있다. 가격은 수많은 정보를 우리에게 주고 있지만 대부분의 사람들은 가격이 주는 정보를 매우 당연하게 즉흥적으로 받아들일 뿐 제대로 고민해 본 적은 없다. 하지만 곰곰이 생각해 보면 가격이 존재한다는 것은 자원을 배분하는 과정에서 매우 중요한 의미를 갖는다.

우선 가격이 있다는 것은 소비할 수 있는 사람과 그렇지 못한 사람을 가른다. 짜장면값이 5,000원이란 이야기는 5,000원이 있는 나는 짜장면을 소비할 수 있지만 주머니에 4,000원만 있는 A는 짜장면을 먹을 수 없다는 것을 의미한다. 설사 나는 별로 배가 고프지 않아 점심 한 끼를 굶어도 상관이 없고, A는 배가 너무 고픈데다 짜장면을 너무 좋아해 먹고 싶은 마음이 굴뚝 같아도 상황은 달라지지 않는다. 가격 메커니즘에 따른 자원 배분은 그만큼 냉정한 것이다.

가격은 얼마나 소비할 수 있는지에 대한 신호도 줄 수 있다. 대부분의 사람들은 짜장면을 1그릇 먹겠지만, 배가 많이 고픈 사람은 2그릇도 먹을 수 있다. 다만 2그릇을 먹기 위해서는 주머니에 최소한 1만 원 이상 있어야 한다. 이처럼 물건의 가격은 소비를 할 수 있는 사람과 그렇지 못한 사람을 가려 주기도 하지만 얼마나 많이 소비할 수 있는지에 대한 가늠자가 되기도 한다.

가격은 수요 측면에서만 역할을 하는 것이 아니다. 짜장면을 만드는 사람 입장에서도 가격은 매우 중요한 정보를 제공해 준다. 수요와 마찬가지로 가격은 생산자들 사이에서 짜장면을 공급할 수 있는 사람과 그렇지 못한 사람을 구분하는 역할도 한다. 내가 중국집을 차린 뒤 짜장면 재료를 구입, 가공해서 최종적으로 짜장면을 만드는 데 들어가는 비용이 5,000원이 넘는다고 하면 나는 짜장면을 만들어 팔 이유가 없다. 그런데 만약 내가 짜장면을 만드는 데 들어가는 총비용이 4,500원이라면 1그릇 팔 때마다 500원씩 이익을 본다. 그럼 나는 짜장면을 만들어 이익을 얻으려고 할 것이다.

수요의 경우와 마찬가지로 가격은 공급하는 생산자가 얼마나 많이 공급할 수 있을 것인지에 대한 지표가 된다. 짜장면을 만드는 사람이 매번 1그릇 만들 때마다 4,500원씩 든다면 이 사람은 짜장면을 10그릇 팔면 5,000원, 100그릇을 팔면 5만 원의 이익을 올릴 수 있다. 많이 팔수록 이익은 한정 없이 많아진다. 그런데 이런 경우는 많지 않다. 짜장면을 계속 만들어 팔 때 어느 순간이 지나면 비용이 많이 들어간다. 인건비도 오르고 원료값도 상승하기 때문이다. 그러다 보면 짜장면을 100그릇 만들 때까지는 비용이 조금씩 올라가서 100그릇 만들 때 정확히 5,000원이고 101그릇을 만들 때는 5,100원이 된다면 이 사람은 짜장면을 100그릇만 만들어서 파는 게 이익이다. 101그릇 때부터는 100원을 손해 보기 때문이다. 이 경우 이 사람은 짜장면을 100그릇만 만들어 팔 것이다.

이처럼 가격은 물건을 생산하는 사람과 소비하는 사람 사이에 매우 중요한 신호를 준다. 또 가격이 결정되면 누가 생산하고 누가 소비할지, 얼마나 생산하고 얼마나 소비할지도 결정된다. 경제 내에서 자원 배분의 모든 것이 결정되는 것이다. 경제가 효율적으로 굴러가기 위해서는 짜장면을 가장 잘 만드는 사람이 짜장면을 만들어 파는 것이 개인이나 사회 전체적으로도 이익이다. 그런데 시장 경제에서는 짜장면을 가장 잘 만드는 사람이 누군지 몰라도 가격 메커니즘만 제대로 작동하면 결국에는 짜장면을 가장 잘 만드는 사람이 짜장면을 만들어 팔게 된다.

가격의 마술은 여기서 그치지 않는다. 짜장면 시장에서의 가격은 바로 옆에 있는 짬뽕 시장과 관련이 깊다. 중국집에 가는 사람들은 매번 짜장면과 짬뽕 사이에서 고민한다. 사람들의 선택은 짜장면과 짬뽕 간에 이루어지는 경우가 많아 짜장면에 대한 수요가 많다면 상대적으로 짬뽕에 대한 수요는 적을 것이다. 짜장면과 짬뽕 시장 간에는 이처럼 직접적인 관련이 있다.•

짜장면을 먹을 때 사람들은 단무지와 양파도 같이 먹는다. 이 때문에 짜장면의 가격은 단무지와 양파의 가격과도 관련이 깊다. 짜장면에 대한 사람들의 수요가 늘어나면 짜장면의 반찬으로 제공되는 단무지와 양파에 대한 수요도 늘어나게 된다. 그러므로 짜장면과 단무지, 양파의 수요는 같은 방향으로 움

• 경제학에서는 짜장면과 짬뽕처럼 서로 수요가 다른 방향으로 움직이는 물건들을 '대체재'(substitutes)라고 부른다.

직인다.•

짜장면 시장은 또 옷 시장과도 관련이 있다. 사람이 먹는 데 돈을 많이 쓰면 상대적으로 옷 사는 데는 돈을 적게 쓰기 마련이다. 짜장면-짬뽕보다는 연결성이 약하지만 짜장면과 옷은 관련이 있다. 또 짜장면과 집과도 관련이 있다. 다만 그 정도는 더 약할 것이다. 직접적으로 관련이 없는 것처럼 보이는 시장들이 모두 연결되어 있는 것이 자본주의 시장 경제이다.

이 때문에 모든 시장에서 수요와 공급이 일치하지 않으면 한 시장에서 수요와 공급이 일치하기 어렵다. 한 시장에서의 변동은 모든 시장에 영향을 미치기 때문이다. 만약 우리나라에 태풍이 와서 농산물값이 급등하였다고 가정하자. 이때 짜장면의 중요한 재료인 양파값도 급등한다. 짜장면 원가가 6,000원으로 오른다면 생산자는 이윤을 더해서 짜장면값을 6,500원 정도로 올릴 것이다. 이 경우 시장에서 가격이 1,500원이나 오르는 충격이 발생한다. 이 충격은 짜장면 시장에만 영향을 미치는 것이 아니다. 짜장면을 사먹는 사람이 줄어들고 짬뽕에 대한 수요가 늘면 짬뽕 시장도 영향을 받는다. 이런 영향은 결국 옷이나 주택 시장까지 영향을 미친다.

이처럼 자본주의 시장 경제에서 가격은 동시다발적으로 결정된다. 짜장면값은 결정되었는데 짬뽕이나 단무지값은 결정이 안 되는 경우는 발생하지 않는다. 모든 물건의 가격이 결정되지 않는다면 어느 한 시장에서의 가격도 매우 불안정하다고 볼 수 있다. 이 때문에 모든 시장의 균형을 맞추는 가격의 존재와 더불어 시장에 충격이 발생하였을 때 다시 새로운 균형 가격이 만들어지

• 경제학에서는 자장면과 단무지처럼 수요가 같은 방향으로 움직이는 물건들을 '보완재'(complements)라고 부른다.

는 속도도 시장 경제의 안정을 위해서는 굉장히 중요하다.

그럼 모든 시장에서 수요와 공급을 동시에 일치시키는 가격은 어떻게 만들어지는 것일까. 이런 가격은 늘 존재한다고 볼 수 있을까. 또 그 가격은 외부에서 충격이 발생하였을 때 빠른 속도로 조정이 이루어질까. 전체 가격들의 모임이 모든 시장에서의 수요와 공급을 맞추어 줄 수 있고 충격이 왔을 때 다시 균형을 맞추어 주는 속도가 빠르다면 매우 다행일 것이다. 반면 그렇지 않다면 시장 경제는 큰 혼란에 빠질 수 있다.

2

균형 가격은 존재할까

앞에서 살펴보았듯이 자본주의 경제에서 가격은 모든 정보를 담고 있는 정보의 결정체이다. 어떤 물건의 가격이 존재한다는 것은 그 물건이 사회적으로 인정을 받았다는 의미이다. 또 그 물건에 대한 사회적인 배분도 완성되었다는 것을 내포한다. 가격 안에는 시장에 존재하는 수많은 사람들의 상호작용이 들어 있다. 시장에서 가격이 결정되는 방식은 애덤 스미스의 표현대로 보이지 않는 손이 개입해 자원 배분이 결정되는 방식이다. 경제 주체들 간에 거래의 자유가 인정될 경우 거래를 통해 가격이 결정되고 이 가격에 따라 자원 배분이 이루어진다. 경제학은 가격이 결정되는 모든 과정을 설명하는 이론이다.

가격은 이데올로기적인 의미도 담고 있다. 시장 경제는 언제부터인가 자원 배분을 가장 효율적으로 할 수 있는 시스템으로 인식되어 왔다. 시장 경제는 가격을 매개로 그 기능을 하는 시스템이다. 경제 주체들이 시장에서의 자율적인 교환에 의해 자원을 배분할 경우 경제 내의 효율성이 극대화된다는 것이 시장 경제의 기본 원리이자 주장이다. 이런 주장은 정부가 인위적으로 개입해 시장 가격을 왜곡시켜서는 안 된다는 함의도 담고 있다. 시장 경제 이론은 자유 방임 경제를 주장하는 하나의 중요한 근거로도 활용된다. 일종의 이데올로기를 전파시키는 효과도 하는 것이다.

구체적으로 살펴보자. 시장에서 가격이 결정되면 이 가격을 지불하고 물건을 사는 사람에게로 자원이 이동한다. 자신이 물건을 살 수 있는지 여부도 마찬가지로 가격을 통해 결정된다. 근로 계약을 한 사람은 자신이 제공하는 노동의 가격인 임금을 통해 소득을 얻는다. 자산이 많은 사람은 자산의 가격을 통해 부와 소득을 얻는다. 자본이 많은 사람은 자본의 가격인 이자율을 통해서 자신이 쓸 돈을 마련한다. 자본주의 시장 경제는 가격을 떼놓고는 하나도 설명할 수 없다.

시장 경제 체계에서 가격이 없는 물건은 배분을 할 필요가 없는 물건들이다. 예를 들어, 공기는 사람들이 돈을 주고 사지 않는다. 공기는 음식이나 옷보다 사람들에게 훨씬 더 중요한 물질이다. 하지만 공기는 시장에서 거래되지 않는다. 풍부하기 때문에 돈을 주고 사지 않는 것이다. 또 내가 소비한다고 해서 다른 사람의 소비량을 줄일 수도 없고 나만이 배타적으로 소비할 수도 없다. 이런 물건은 시장에서 거래되지 않는다.• 하지만 대기가 오염된다면 신선한 공기에 대한 가격이 형성된다. 신선한 공기가 있는 지역을 공원으로 설립하고 입장료를 받는 것이 한 예이다. 또 공기가 좋은 지역의 집값이 오르는 경우가 많다. 이 경우 공기에 대한 가격을 간접적으로 지불하는 셈이다.

이처럼 가격이 형성된다는 것은 누군가 비용을 지불하고 자신만 배타적으로 소비하거나 소유할 용의가 있다는 것을 의미한다. 경제 내에서 시장 가치가 있는 모든 재화는 가격이 있다. 시장 경제가 발달할수록 가격이 만들어지는

• 공기처럼 나만이 배타적으로 소비할 수 없는 재화를 경제학에서는 공공재(public good)라고 부른다.

물건들의 수는 늘어난다. 모든 것을 돈으로 환산하려는 경향이 생겨나기 때문이다.

가격은 개별 물건에만 있는 것이 아니다. 경제 내에서 가격들을 모아 가중 평균하면 물가가 된다. 한 나라의 물가 수준은 전체 경제의 건전성을 나타내는 중요한 지표이다. 물가 상승률은 국가의 경제 정책을 펴는 데 중요한 기준이 된다. 물가 상승률을 이루는 것은 개별 물건의 가격이다. 이렇게 보면 가격은 개별 시장에서의 문제뿐만 아니라 경제 전체적으로도 중요한 의미를 갖는다는 것을 알 수 있다.

그렇다면 경제 내에서 가격은 어떻게 결정이 될까. 실제로 가격이 어떻게 결정되는지는 알기 어렵다. 수많은 사람들이 가격이 결정되는 메커니즘을 보여 주기 위해 노력하였다. 그만큼 시장 경제에서 가격 결정 메커니즘은 설명이 어려운 부분이다.

예를 들어, 내가 농사를 지어 쌀 100가마를 생산하였을 때 나는 1가마의 원가 9만 원에 이윤 1만 원을 붙여 10만 원을 받아야겠다고 생각하였다. 그러나 이 가격에 시장에서 판매될지는 두고 보아야 한다. 시장에서 사는 사람이 아무도 없으면 나는 가격을 낮추어야 한다. 그럼 얼마까지 낮출 수 있을까. 9만 원 이하로 낮추면 손해이니 9만 원보다는 높은 값을 받으려고 할 것이다. 하지만 이는 아무도 보장을 못하는 부분이다. 내가 생산한 쌀이 반드시 9만 원보다 높으리라는 법은 없다.

이 때문에 물건을 만드는 사람 입장에서는 항상 불안하다. 물건을 만들어 놓고 안 팔릴 경우가 언제든지 생길 수 있기 때문이다. 하지만 묘하게도 수많은 사람들은 시장을 통해 물건을 사고팔면서 생활해 왔다. 불안감은 언제든지 있었지만 대부분 생산한 물건들은 시장에서 팔리는 경우가 많았다. 이런 상황을 설명하기 위해 많은 연구가 있었다.

시장 경제 이론은 단순하게는 수요와 공급이 만나는 균형점에서 가격이 결정된다고 본다. 빵 1개의 값이 1,000원이라면 이 가격에서 빵을 사고자 하는 사람들의 빵에 대한 수요와 빵을 공급하는 사람들이 공급하고자 하는 양이 일치하고 이때 빵값은 결정된다. 공급자의 측면에서 가격을 설명하려는 시도도 있었고 물건을 소비하는 사람의 입장에서 가격을 설명하려는 시도도 있었지만 여의치 않았다. 수요와 공급이 일치하는 점에서 가격이 형성된다는 설명이 논리적으로 일관성을 띠면서 가장 설득력을 얻었고 현실적으로도 맞아떨어졌다.

그럼 수요와 공급은 어떻게 결정될까. 가격이 수요와 공급이 만나 결정되는 것을 설명하였으면 그 다음에는 각 수요와 공급이 어떻게 결정되는가를 설명해야 한다. 수요와 공급을 설명하는 것은 시장 경제의 조금 더 근원적인 문제로 들어가는 과정이다.

3

심리를 수학으로 바꾸다

먼저 수요를 설명하기 전에 정의부터 할 필요가 있다. 수요란 구매력이 있으면서 물건을 소유하고자 하는 욕망을 말한다. 내가 갖고 싶어하는 상상 속의 '도깨비 방망이'는 수요라고 이야기하지 않는다. 소유하고 싶으면서 구매력을 가지고 있어 일정 정도 조건이 맞으면 가질 수 있는 것, 그것을 경제학에서는 수요라고 부른다. 쌀을 얼마나 가져야 하는가, 겨울을 나려면 옷을 얼마나 보유해야 할까 등이 경제학의 수요에 해당된다.

수요에 대한 연구는 인간 본성에 대한 가정부터 시작되었다. 사람이 어떤 선호 체계를 갖고 있는가부터 출발한다. 이는 다분히 철학적이고 심리학적인 영역이다. 많은 사람들의 내면에 있는 선호 체계 중 가장 보편적이라고 생각하는 것들을 뽑았다. 이 영역이 경제 이론에서 말하는 가정의 영역이다.• 이 같은 가정의 옳고 그름에 대한 논쟁이 치열하게 벌어질 수도 있지만 경제학자들은 가정에 대한 논쟁을 대단히 싫어한다. 이 영역은 경제학이 아닌 철학과 심리학의 영역이라고 보기 때문이다. 이 가정을 부정하는 경제학은 비주류 경제

• 아리스토텔레스의 3단 논법에서 이야기하는 대전제에 해당된다.

학으로 분류되기도 한다.

가정이 결정되면 그 다음은 이 가정을 수학적인 기호로 표시한다. 사람의 머릿속에 있는 선호 체계에 대한 가정을 수학적인 기호로 표시하는 것은 쉬운 일이 아니다. 이 과정에서 다소간의 무리가 따른다. 또 복잡한 부분이 단순화된다. 예를 들어, 경제학에서 수요 이론을 전개할 때 필수적으로 들어가는 개인들의 선호 체계에 대한 가정 중의 하나가 '이행성'(transitivity)이다. 이 가정은 이렇다. 내가 사과보다 배를 더 좋아하고 배보다는 바나나를 더 좋아한다고 가정하자. 그럼 이 사람은 당연히 사과보다 바나나를 더 좋아한다고 볼 수 있다는 것이다. 맞는 말일까. 어떤 사람은 사과보다 배를, 배보다는 바나나를 더 좋아하지만, 사과를 바나나보다 더 좋아할 수도 있다.

이유는 설명하기 어렵지만 그런 사람이 없으리라는 법은 없다. 하지만 대다수는 사과보다 배를, 배보다 바나나를 더 좋아하면 사과보다 바나나를 더 좋아하는 경우가 많을 것 같다. 이처럼 얼핏 보면 그럴 것 같기도 하고 그렇지 않을 것 같기도 하지만, 사람이 이성적이라면 이 가정은 충족된다고 보는 것이 경제학의 논리이다.

이런 개인의 몇 가지 선호를 가정하고 이를 수학적인 기호로 표시한 다음에는 이 가정을 전개해 각종 방정식 체계를 만들고 이를 통해 수요를 물건 가격에 대한 함수 형태로 도출한다.* 사람의 주관적인 선호가 사회 현상을 설명하는 수학적 함수로 탈바꿈되는 과정이다.

* 수학적으로 표시하면 수요 함수는 q=f(p)와 같은 형태이다. 여기서 q는 수요량, p는 가격, f는 함수를 표시하는 기호이다. 가장 단순한 형태의 수요 함수는 q=100-p와 같은 모양이다. 물건값(p)가 오르면 수요량(q)은 줄어드는 1차 방정식이다.

수요 함수를 만드는 것에 성공하면 그 다음부터는 경제 현상을 수학적인 논리로 설명할 수 있게 된다. 물론 매우 복잡한 수학이 사용되지만, 개인의 마음속에 있는 선호를 수량화해 설명한 것은 경제학의 탁월한 업적이다. 수학적인 논리가 전개되면서 경제학은 사회 과학 중에서 가장 치밀한 학문으로 우뚝 서게 된다.

4

생산 기술의 본질

공급은 가격에 따라 자신이 시장에 내놓을 수 있는 물건의 양을 표시한 스케줄이다. 공급도 마찬가지로 함수 형태로 표시된다.• 물건값과 공급 간의 관계를 그래프로 표시한 것이 공급 곡선이다. 물건을 시장에 내놓는 사람은 생산자이다. 경제 내에서 기업이 생산자 역할을 하고 있다. 공급은 생산자, 즉 기업에 대한 분석에서 시작한다. 수요를 설명하는 것은 개인의 선호라는 눈에 보이지 않는 것을 눈에 보이는 수요로 바꾸는 것이 본질인 반면 공급에 대한 분석은 눈에 보이는 것부터 시작한다. 그 시발점이 되는 것이 생산 활동의 주체인 기업이 보유하고 있는 기술이다.

기술은 인간의 선호처럼 주관적이 아니어서 객관적으로 살펴보기가 더 쉽다. 기업은 자본과 노동을 투입해 물건을 만들어 낸다. 여기서 자본은 사람의 노동이 아닌 기계, 원료 등 모든 것을 포괄적으로 나타내는 개념이다. 생산 기술은 노동과 자본이 결합되는 방식이라고 볼 수 있다. 노동과 자본의 투입량이 정해지면 생산 기술과 결합해 생산되는 물건의 양이 결정된다. 투입되는 노

• 공급 함수는 q=h(p)와 같은 형태로 표시된다. 단순한 공급 함수는 q=10+p와 같은 형태를 띤다.

동 및 자본과 생산되는 물건 간의 관계를 표시한 것이 생산 함수이다.• 생산 함수는 몇 가지 특징이 있다. 우선 보다 많은 자본과 노동을 투입하면 적어도 종전보다 같거나 많은 양을 생산할 수 있다. 자본 하나와 노동 하나를 투입해 1개의 물건을 만들었다면 자본 2개와 노동 1개를 투입하면 적어도 하나보다는 많은 물건을 만들 수 있다. 생산을 해본 사람은 고개가 끄덕여지는 특징이다.

또 하나의 특징은 생산 기술에 있어서 노동과 자본의 대체 가능성이다. 자본과 노동이 서로를 얼마나 대체할 수 있을 것인지에 대해 다양한 생산 기술이 존재한다. 예를 들어, 자본 3단위와 노동 1단위를 투입해 물건 하나를 만들 수 있고, 또 노동 3단위와 자본 1단위를 투입해 마찬가지로 물건 하나를 만들 수 있다고 가정하자. 그렇다면 노동 2단위가 자본 2단위를 대체한 것이다. 노동과 자본 간에는 이처럼 서로를 대체할 수 있는 성질이 존재한다. 만약 자본 3단위와 노동 1단위를 투입해 물건을 만들다가 자본 1단위와 노동 2단위를 투입해도 같은 양의 물건을 만드는 생산 기술도 존재할 수 있다. 이런 경우 노동 1단위는 자본 2단위를 대체하는 셈이다. 어떤 생산 기술은 노동과 자본 간의 대체가 전혀 불가능한 경우도 있다. 이처럼 노동과 자본의 다양한 대체 관계는 생산 기술을 정의하는 기본적인 조건이다.

노동과 자본의 대체 가능성과 더불어 중요한 성질은 물건을 추가로 1개 더 만들 때 얼마나 추가적인 비용이 들어가느냐 하는 점이다. 대체의 문제는 같은 양의 물건을 생산할 때 노동과 자본이 서로를 얼마만큼 대신해 줄 수 있

• 노동과 자본을 투입해 물건을 만들어 내는 생산 함수는 $q=f(L, K)$와 같은 형태로 표시된다. 여기서 q는 물건의 생산량, L은 노동의 투입량, K는 자본의 투입량을 표시한다. f는 생산 기술의 형태를 대표하는 함수이다. 예를 들어, $q=L \cdot K$와 같은 형태의 생산 함수라면 노동을 1단위, 자본을 1단위 투입했을 때 생산량은 1단위가 나온다는 것을 의미한다. 또 노동을 2단위, 자본을 1단위 투입하면 생산량은 2단위가 된다.

는가를 측정하는 문제라면, 이번에는 물건의 생산량을 늘릴 때 얼마나 추가적인 비용이 들어가는지를 책정할 수 있다. 예를 들어, 자동차를 1대 만들 때 100만 원의 비용이 들어가는 경우 자동차를 1대 더 생산할 때는 100만 원보다 비용이 더 들이갈 수도 있고 덜 들어갈 수도 있다. 또 똑같은 비용이 들어갈 수도 있다. 정도의 차이는 있지만 생산 기술을 이야기할 때는 이렇게 3가지 정도의 특징을 상정한다. 일반적으로는 물건을 추가로 생산하면 추가로 생산할 때 들어가는 비용은 종전보다 늘어나는 경우가 많다. 자동차 1대를 만들 때 100만 원, 두 번째 자동차를 만들 때는 110만 원, 세 번째 자동차를 만들 때는 120만 원 등으로 조금씩 비용이 늘어나는 기술이 많은 것이 일반적인 현실이다.

이 같은 생산 기술의 특성에 따라 생산자가 가격의 변화에 따라 얼마만큼 물건을 공급할 것인가를 보여 주는 스케줄인 공급 곡선이 만들어진다. 즉, 공급 곡선의 특징은 기업이 보유하고 있는 생산 기술의 특성과 맞물려 있다.

5

평평한 기술의 등장

수요와 공급 곡선이 도출되면 시장에서는 수요와 공급이 일치하는 점이 형성될 수 있다. 이것이 시장 경제에서의 균형점이다. 수요와 공급을 일치하도록 만들어 주는 것은 시장에서 형성되는 가격이다. 특정한 가격 수준에서 수요와 공급이 일치하면 이 가격에서 거래가 이루어진다. 이 가격을 시장 균형 가격이라고 부른다.

한 시장에서 수요와 공급이 일치하면 다른 시장에서도 똑같은 현상이 발생할 수 있다. 우리가 사용하는 물건이 수백 가지이듯이 수백 개, 수천 개의 시장에서 각각 균형이 형성될 수 있다. 이중 하나의 시장이라도 수요와 공급이 일치하지 않으면 곧 다른 시장에 영향을 미친다. 그럼 모든 시장이 동시에 균형 상태에 도달할 수 있을까. 이 문제를 규명하는 것이 시장 경제의 오래된 숙제였다. 직관적으로 보면 수만 개의 시장에 동시에 수요와 공급이 균형을 이루는 균형 가격이 존재할 것 같지는 않다. 그럼 자본주의를 떠받치는 시장은 항상 불균형 상태를 오갈 수밖에 없다.

그런데 많은 경제학자들이 집요하게 연구를 한 결과, 모든 시장의 균형을 이루는 가격이 존재할 수 있다는 것을 설명하였다. 물론 현실에서 확인된 바

없는 이론적인 접근이다. 현실적으로는 모든 시장이 균형을 이루고 있는 경우는 거의 없다. 하지만 이론적으로 시장 경제 균형 가격의 존재를 증명함으로써 자본주의 시장 경제와 이를 설명하는 경제 이론들은 한 단계 도약을 이룬다.

시장 경제에서 균형 가격의 존재를 설명하는 과정에서 수많은 수학적인 논리가 들어간다. 생산 기술과 소비자 선호에 대한 몇 개의 가정에서 출발해 경제 내에 존재하는 모든 시장에서 수요와 공급이 일치하는 균형 가격의 존재를 설명해 나가는 방식이다. 이때 각 시장에는 합리적인 생산자와 소비자가 존재한다. 그들은 각자 자신들의 효용과 이익을 극대화하는 행동을 한다.

경제 주체들은 각자의 판단에 따라 합리적인 행동을 하고, 이 행동들은 시장에서 모여 균형 가격을 만들고, 이 균형 가격에 따라 각종 자원이 배분된다. 매우 매력적인 자원 배분 방식이다. 이 때문에 시장 균형 가격의 존재 여부는 시장 경제 시스템을 유지하는 데 매우 중요한 기준이 된다.

가격은 시장에서 모든 사람이 접하는 매우 구체적인 현실이지만 경제 이론은 대단히 개념적이고 수학적인 증명을 통해 모든 시장에서 균형 가격의 존재를 증명하였다. 균형 가격의 존재를 증명함으로써 자본주의 경제 이론은 한 단계 도약하였고, 이와 함께 경제학을 과학의 영역으로 끌어올렸다는 평가를 받고 있다.

균형 가격의 존재를 보여 주는 것은 이데올로기적으로도 중요한 의미가 있다. 경제 이론은 균형 가격의 존재 증명을 통해 시장 경제가 경제 내에서 효율성을 담보해 준다고 주장하였다.• 다시 말해, 시장 메커니즘 외에 다른 어떤

• 여기서의 효율성은 파레토 효율성(Pareto efficiency)을 의미한다. 즉, 다른 사람의 효용을 줄이지 않고 나의 효용을 늘릴 수 없는 상태이다.

자원 배분의 메커니즘도 시장 경제만큼의 효율성을 담보해 주지 못한다는 이야기이다.• 시장 경제 이론의 논리는 시장에 대한 정부의 개입 반대, 사적 소유권과 사적 계약의 자유 보장 등 비개입주의적인 자유주의 경제 이론으로 계속 발전하였다. 이런 경제 이론은 실제 경제에서도 기업들의 경제 활동과 경쟁을 촉진시켰다.

경제 주체의 자유 보장을 골자로 한 자유주의에 기반을 둔 시장 경제가 강조된 결과 경제 내부에서 부자와 가난한 사람 간의 빈부 격차가 심해지면서 시장 경제에 대한 비판의 목소리도 높아졌다. 하지만 시장 경제 비판의 방어 논리로 효율성을 담보하는 '시장 균형 가격의 존재'는 언제나 효과적인 방어막이었다. 다양한 경제 주체들이 활동하는 시장에서 가격을 통한 자원 배분 이외의 방식으로 효율성을 담보하기는 어려웠기 때문이다. 실제 시장 경제 이론도 '문제는 있지만 대안이 없다'는 식으로 맞서 왔다. 또 자유주의 시장 경제를 비판하는 진영에서 '시장 균형 가격' 논리를 극복할 수 있는 대안적 이론을 내놓지도 못하였다.

시장 경제를 다루는 자본주의 경제 이론의 장점은 탄탄한 연역적 논리 체계를 갖추고 있다는 점이다. 경제 이론 전체가 하나의 거대한 방정식 체계처럼 구성되었다. 생산 기술과 개인의 선호에 대한 몇 개의 가정에서 출발해 균형 가격의 존재라는 결론을 내기까지 많은 수학적 논리가 동원된다. 하지만 이런 설명 방식은 한두 개의 가정에서 문제가 발생할 경우 그 다음 단계의 설명은

• 대표적인 것이 사회주의 계획 경제 체제의 비효율성을 이야기하는 데 있어서 시장 경제 균형 가격의 존재는 매우 큰 역할을 하게 된다. 경제 규모가 커질수록 계획 경제보다 개인과 기업에게 경제적 자율성을 부여하면 시장에서 경제를 효율적으로 만들어 주는 균형 가격이 존재하고 이를 통해 자원이 배분된다는 논리이다.

무의미해지는 구조적인 문제도 안고 있다.

그런데 4차 산업혁명이 확산되면서 시장 경제 가격 메커니즘의 근간을 뒤흔들 만한 일들이 발생하고 있다. 생산 기술이 고도로 발달하면서 인공 지능(AI)이 등장하고 전 세계 개인들이 모두 연결되는 새로운 방식의 경제가 만들어지고 있다. 4차 산업혁명이 발생하는 새로운 경제에서는 기존 경제를 설명하는 이론의 전제가 충족되지 않는 경우가 속속 발생하고 있다.

그중 하나가 생산 기술의 볼록성에 대한 문제이고 다른 하나는 생산 비용에 대한 문제이다. 앞에서 설명하였듯이 시장 경제를 설명하는 이론에서 생산 기술의 볼록성은 매우 중요한 의미를 갖는다. 현실 설명력은 물론이고 이론의 정합성을 구축하는 데에도 볼록성은 매우 중요하다. 그런데 4차 산업혁명과 함께 생산 기술은 점점 평평해지고 있다. 생산 기술이 볼록하지 않고 평평해진다면 시장 경제의 균형 가격은 조금만 충격이 생겨도 급격히 바뀔 수 있다. 균형의 안정성이 급속히 훼손되는 것이다. 평평한 정도가 심해지면 시장에서 수요와 공급이 만나는 균형 자체가 존재하지 않을 수도 있다. 이 경우 시장 경제를 통한 자원 배분은 심각한 문제를 발생시킨다.

다른 하나는 기업이 물건을 추가로 만들 때 투입되는 비용이 증가하지 않는 기술이 일반화되고 있다는 점이다. 물건 생산을 늘릴 경우 마지막 1단위를 생산할 때 들어가는 생산 비용이 갈수록 증가하지 않는 생산 기술이 보편화되면 시장에서 균형 가격이 존재하기가 매우 어렵게 된다.

세상이 바뀌면서 기존 경제 이론으로 설명하기 힘든 일들이 속속 생겨나고 있다. 경제 이론은 경제 현상을 설명하는 가장 중요한 축선이다. 이 축이 흔들린다면 시장 경제와 관련한 정책과 개인의 행동 모두가 영향을 받게 된다. 4

차 산업혁명으로 발생한 생산 기술적 측면에서의 상황 변화를 감안할 때, 시장 경제가 어떤 문제에 봉착하는지 살펴보고 해결점을 모색해야 할 시점이다.

6

사람과 기계 사이의 거리

시장 가격을 설명하기 위한 첫 번째 단계는 생산 기술에 대한 가정에서 출발한다. 현실적으로 생산 기술은 시대마다 바뀌었다. 예를 들어, 땅을 파는 경우를 생각해 보자. 아주 오래전 원시 시대에 도구가 없을 때는 사람들이 손으로 땅을 팠다. 이때 이 사람의 생산 기술은 손을 이용해 얼마나 땅을 빨리 파는가 하는 점이다. 땅을 많이 파 본 사람은 나름대로의 노하우가 있을 것이다. 그의 기술은 그의 몸속에 녹아 있게 된다. 석기 시대 이전 과거 원시 시대의 기술은 이처럼 사람 손으로 땅을 파는 노하우 정도였을 것 같다.

다음은 농사를 짓던 농경 시대에 삽으로 땅을 파는 경우를 생각해 보자. 삽으로 땅을 팔 경우 당연히 1사람이 땅을 파는 깊이는 손으로 팔 때보다 훨씬 깊어진다. 속도도 빨라진다. 이때의 기술은 1사람이 삽 1자루를 들고 땅을 파는 기술이다. 이때 비로소 자본이라는 개념이 등장한다. 인간 노동이 아닌 삽과 같은 도구를 포함한 모든 생산 설비는 자본의 범주에 속한다. 삽이라는 자본이 생산에 투입되면서 인간 노동의 생산성은 크게 높아졌다.

이때부터 자본과 노동은 서로 관계를 맺기 시작하였다. 그 관계를 보여 주는 용어가 대체율이다. 대체율은 노동과 자본이 생산 과정에서 서로 대신해 줄 수 있는 정도를 의미한다. 자본이 없을 때는 대체율이라는 것이 의미가 없지만 자본이 생겨나는 순간 노동과 자본 간의 대체율을 따져 볼 수 있다. 노동과 자본이 얼마나 대체될 수 있느냐가 기업이 가지고 있는 생산 기술의 핵심이다.

경제 이론에서는 평균(average)이라는 개념보다 한계(marginality)라는 개념을 많이 사용한다. 그 이유는 논리를 전개할 때 한계라는 개념이 훨씬 더 유용하기 때문이다. 모든 경제적인 의사 결정을 할 때는 마지막 1단위의 효과를 나타내는 한계라는 개념이 매우 중요한 역할을 한다. 인류 역사에서의 생산 기술은 '한계 대체율'(marginal substitutability)이란 개념을 활용해 정의될 수 있다. 생산에 투입되는 마지막 자본 1단위가 노동을 대체하는 정도가 한계 대체율이다.

자본의 초기 단계인 삽으로 땅을 팔 때부터 시작해 보자. 10명의 사람이 10자루의 삽으로 일을 한다고 가정하자. 여기서 삽이 1자루 더 늘어났다. 그럼 10명의 사람이 11자루의 삽으로 일을 할 수 있다. 이 경우 10명의 사람이 10자루의 삽으로 일할 때와 별 차이가 없을 것이다. 1사람이 2자루의 삽으로 일을 한다고 해서 땅을 더 많이 파는 것은 아니다. 이 경우 추가적으로 생산에 투입된 자본(삽)은 노동을 대체하지 못한다.

삽으로 땅을 파는 형태와 같이 자본과 노동이 결합한다면 이때의 한계 대체율은 0이다. 추가로 1단위 삽이 늘어났다고 해서 사람의 노동을 대체하지 못하기 때문이다. 이런 관계는 거꾸로도 성립한다. 삽은 10자루인데 사람이 1명 더 늘어 11명이 되었을 때 땅을 파는 깊이가 더 깊어질까. 거의 차이가 없을 것이다. 노동이 추가로 투입된다고 해서 삽을 대체할 수 있는 것은 아니다. 11명이 9자루의 삽을 가지고 일을 할 때와 10명이 10자루의 삽을 가지고 일할 때 어느 경우가 더 많은 땅을 팔 수 있을지 생각해 보면 답은 나온다. 사람이 삽을 가지고 일하는 생산 단계에서는 사람의 수와 삽의 수가 똑같을 때 가장 많은 성과를 낼 수 있다. 삽을 늘린다고 사람을 줄일 수 없고 사람을 늘린다고 삽을 줄일 수 없는 생산 기술이다. 이 경우 노동과 자본의 한계 대체율은 0이 된다.

한계 대체율이 0인 경우 생산에 투입되는 기계와 사람의 비율은 대체로 고정된다. 사람이 10명인데 삽 11자루를 살 리 없고, 삽이 10자루인데 사람을 11명 고용할 리 없다. 이처럼 초기에 자본이 생산에 도입되었을 때는 노동과 자본은 서로 완벽하게 보완 관계였다. 사람이 일을 할 때 자본을 도구로 사용하면서 사람의 힘은 덜어 주고 생산성은 높여 주는 기구가 바로 초보적인 기계였다. 이때 노동과 자본의 한계 대체율은 0에 가까웠다.•

기계가 발달할수록 사람과 기계는 대체가 가능하게 된다. 예를 들어, 100사람이 100자루의 삽을 가지고 공사하는 현장에 포클레인 1대가 들어온다고 가정하면 이야기가 달라진다. 포클레인 1대가 할 수 있는 일의 양이 10명이 삽을 가지고 땅을 파는 것과 같다고 가정하자. 이 경우 같은 양의 땅을 팔 때 90명이 90자루의 삽을 들고 땅을 파고 1사람의 포클레인 운전자와 포클레인 1대가 있으면 종전과 동일한 일을 할 수 있다. 이 경우 포클레인 1대가 대체할 수 있는 노동은 10명이 된다.

두 번째 포클레인이 등장하면 또 10명의 노동자가 할 일을 대신 할 수 있게 된다. 그런데 포클레인이 2대로 늘어나면 운전하는 사람만 필요한 게 아니라

• 사람이 손으로만 땅을 파다가 삽이 처음 도입되었을 때는 인간의 노동을 대체하였을 수도 있다. 50명이 손으로 땅을 팔 때와 10명이 삽 1자루씩 들고 땅을 팔 때 비슷한 깊이의 땅을 팔 수 있었다면 삽 10자루는 처음에는 90명의 노동을 대체하였다고 볼 수 있다. 이럴 경우 삽 1자루는 평균적으로 9명의 노동을 대체하였다고 볼 수 있다. 하지만 경제학에서는 평균이라는 개념보다 한계라는 개념이 더 많이 활용된다. 한계는 마지막 하나의 삽이 노동을 얼마나 대체할 수 있는가로 산정된다. 이 때문에 삽이라는 자본의 경우 한계 대체율이 0이 되는 것이다.

이것을 관리하는 사람도 필요할 수 있다. 중간중간 수선도 해야 하고 부속에 기름칠도 해서 정상적인 상태가 될 수 있도록 유지 관리하는 인력이 필요하게 된다. 이를 감안하면 두 번째 포클레인이 들어왔을 때는 10명 정도 땅을 파는 인력을 대체할 수 있지만, 1명 정도는 관리하는 인력이 필요하기 때문에 전체적으로는 9명 정도의 인력을 대체한다고 볼 수 있다.

세 번째 포클레인이 들어오면 마찬가지로 10명의 인력을 대체하지만 이때는 수선하는 인력과 더불어 포클레인 주차장을 만들어 보관해야 하기 때문에 주차장을 관리하는 인력이 필요하게 된다. 이런 점을 감안하면 세 번째 포클레인은 8명 정도의 인력을 대체할 수 있다고 볼 수 있다. 이처럼 추가적으로 포클레인이 1대씩 들어올 때마다 실제 줄일 수 있는 근로자 수도 줄어든다고 볼 수 있다. 위의 예에서는 처음에는 10명의 인력을 줄일 수 있지만 두 번째는 9명, 세 번째는 8명 등으로 기계가 대체할 수 있는 사람의 수는 줄어든다. 이 경우 자본(포클레인)의 한계 대체율은 자본의 양이 늘어날수록 점점 줄어들게 된다.

이런 과정은 경제 발전의 역사와도 관련이 있다. 1차 산업혁명이 발생해 기계가 급속히 도입되었을 때 노동자들은 기계가 사람의 노동을 몰아낼 것이라며 극렬히 저항하였었다. 처음에는 수많은 노동자들이 기계에 밀려 일자리를 잃었다.

그런데 시간이 지날수록 처음에 기계가 도입될 때 걱정하였던 것만큼 노동자들이 일자리를 잃어버리지는 않았다. 그 이유는 이처럼 기계가 도입될수록 기계를 관리하고 유지하는 데 사람들이 필요하였기 때문이다. 당시의 현상은 자본의 한계 대체율이 자본량이 늘어날수록 줄어드는 것을 반영한다.

또 기계를 생산하는 부분에서 일자리가 창출된 점도 일자리를 늘리는 데

도움을 주었다. 물론 기계를 유지하는 데 필요한 인력과 기계를 사용하는 인력의 기술은 서로 다르다. 예를 들어, 땅을 파는 일을 하는 사람이 곧바로 포클레인을 관리하는 일을 할 수는 없었다. 이 때문에 노동 구조적인 문제로 실업이 발생하는 것은 어찌 할 수 없었다. 하지만 일정 기간이 지나면 사람들은 새로운 일자리를 찾아 움직였고 나름대로의 직업을 찾을 수 있었다.

이처럼 자본의 양이 늘어나면서 자본이 노동을 대체하는 정도가 점점 줄어드는 형태의 생산 기술을 '볼록한 생산 기술'(convex technology)이라고 부른다.• 볼록한 생산 기술은 시장 경제를 설명하는 데 매우 중요한 역할을 한다. 여러 가지 수학적인 형태로 정의되지만 생산 기술에서의 볼록성은 자본의 양이 늘어나면서 추가적인 자본이 대체할 수 있는 노동의 양이 점점 줄어드는 기술 형태를 의미한다. 노동이 자본을 대체할 때도 마찬가지 관계가 성립한다.

처음에 도입된 자본은 사람의 노동을 큰 폭으로 대체하지만 자본이 잇달아 도입되면서 사람을 대체하는 정도는 점점 줄어드는 것이다. 삽으로 땅을 팔 때는 자본과 사람이 서로 보완적인 관계였다면 포클레인처럼 기계가 발달하면 자본이 노동을 대체할 수 있게 되고 그 정도는 점점 높아진다.

기계가 발달할수록 볼록한 생산 기술은 점점 평평해진다. 예를 들어, 4차 산업혁명기에는 기계가 도입되는 모양이 과거와는 조금 달라졌다. 과학이 발달할수록 기계가 인간을 대체하는 정도는 더욱 커진다.

스스로 운전할 수 있는 무인 포클레인과 같은 설비가 등장한다면 굳이 사람이 운전을 하지 않아도 포클레인이 스스로 돌아다니면서 땅을 팔 수 있다.

• 볼록한 모양이 되는 이유는 뒤에서 그림을 통해 설명한다.

사람과 비슷한 인공 지능 로봇 같은 것이 등장해 포클레인을 운전할 수도 있다. 인공 지능 로봇이 등장해 포클레인을 관리하고 운전하면서 땅을 파는 일을 한다면 사람의 손이 가지 않고도 일을 훨씬 더 빠르고 정확하게 일을 할 수 있다.

만약에 사람과 거의 비슷하게 혼자서 땅을 팔 수 있는 로봇이 개발된다면 어떤 일이 벌어질까. 이때는 로봇과 이를 관리할 수 있는 소수의 사람만 있으면 땅 파는 일을 할 수 있다. 이렇게 되면 기계, 즉 자본이 노동을 대체하는 정도가 훨씬 더 커진다. 극단적으로 기술이 발전하면 로봇이 근로자 모두를 대체할 수 있는 날이 올 수도 있다. 종전과 같은 양의 땅을 파는 데 사람이 전혀 필요 없게 되는 상황이 발생할 수 있다는 이야기이다. 이때 기계, 즉 자본이 노동을 대체하는 정도는 1에 가깝게 된다. 자본이 노동을 1 대 1로 대체하는 시대가 얼마 남지 않았다.

같은 양의 땅을 파기 위해 사람과 유사한 로봇을 도입한다고 하면 로봇을 하나 도입하면 근로자 1명을 대체할 수 있다. 또 로봇을 2대 도입하면 근로자 2명을 대체한다. 사람과 비슷한 로봇이 등장할수록 대체율이 높아진다. 아울러 로봇을 많이 도입하더라도 대체율이 떨어지지 않는다. 사람과 비슷한 로봇이 등장할수록 이런 현상은 더욱 심화된다. 이런 경우 한계 대체율은 줄어들지 않는다. 극단적인 경우 한계 대체율은 항상 일정하게 된다. 로봇 하나가 한 사람의 노동을 대체하면 한계 대체율은 항상 1이다. 로봇의 수가 늘어난다고 이 비율이 줄어들지 않는다. 무인 포클레인이 땅을 파는 근로자 10명을 대체한다면 한계 대체율은 항상 10이 된다. 볼록한 경제에서 한계 대체율은 자본의 양이 늘어날수록 줄어들었지만 평평한 경제에서의 한계 대체율은 자본의 양과 무관하게 항상 일정하게 된다.

이처럼 경제 활동과 관련한 인류의 역사를 노동과 자본의 한계 대체율 변화로 단순화시켜 묘사할 수 있다. 태고적에 인간이 사람의 힘만으로 살아가던 시대에는 한계 대체율은 정의되지 않았다. 이후 인간이 도구를 만들어 사용하던 시기에는 한계 대체율이 0에 가까웠다. 이후 생산 기술이 발달하고 고도화된 기계를 만들면서 한계 대체율은 점점 1에 가까워져 간다. 특히, 한계 대체율이 갈수록 줄어들던 '볼록한 생산 기술'에서 한계 대체율이 항상 일정한 수준을 유지하는 '평평한 생산 기술'로 변해 가고 있다. 그럼 한계 대체율이 일정하게 유지되면 시장의 가격 결정 메커니즘에 어떤 영향을 미칠까. 이런 생산 기술상의 변화는 시장 가격 체계를 뒤흔들 만큼 중요한 변화를 가져온다. 다음 장부터 이 부분을 집중적으로 다루어 볼 필요가 있다.

7

가격 결정 메커니즘의 변화

자본주의 경제에서 생산에 관해 의사 결정을 하는 주체는 기업이다. 기업의 목표는 궁극적으로 돈을 가장 많이 버는 것이다. 경제 이론에서는 기업을 이윤 극대화의 주체라고 부른다. 돈을 많이 벌기 위해 기업은 여러 단계에 걸쳐 의사 결정을 한다. 가장 초보적인 결정이 물건을 만들 때 어떻게 노동과 자본을 결합할 것인가 하는 점이다. 일단 물건을 만들어야 이것을 팔 수 있다는 점을 생각하면 어떻게 물건을 만들 것인가가 첫 번째 고민이 될 것이다.

개인이 도구를 사용하지 않고 물건을 만들 때는 기업은 생산 방식에 대해 깊게 생각할 필요가 없다. 사람이 열심히 일할 수 있는 환경만 만들어 주면 된다. 하지만 도구가 생겨난 다음부터 개인이 물건을 만들 때는 자본(기계)과 사람을 어떻게 결합하는 것이 가장 효율적인지에 대해 고민을 하게 된다.

이처럼 현대로 넘어와서 기업이 제품 생산 조직을 만드는 의사 결정과 관련해 중요한 판단 기준이 되는 것은 생산 기술이다. 생산 기술의 형태는 기업이 의사 결정을 하는 데 큰 역할을 한다. 앞에서 이야기하였듯이 생산 기술은 단순화하면 한계 대체율로 표현할 수 있다. 구체적으로 말하면 한계 대체율이 어떤 모양을 띠고 있는지가 기업의 생산 의사 결정과 밀접한 관련이 있다. 기업이 자신이 생산에 활용할 수 있는 생산 기술 아래에서 가장 효율적으로 생산할 수 있는 조합을 찾는 것이 의사 결정의 기본이다.

경제 이론에서는 기업이 당면한 기술은 노동과 자본 사이의 한계 대체율로 기업의 의사 결정 과정은 자본과 노동 사이의 결합 비율을 결정하는 것으로 단순화시켜 설명한다. 이렇게 단순화시켜도 복잡한 경제 현상의 근본 원리를 충분히 설명할 수 있다는 판단에서이다.

보다 구체적으로 설명하면 이렇다. 기업은 주어진 생산 기술과 생산 요소의 가격이 주어진 것으로 보고 최적의 자본, 노동 투입 비율을 결정한다. 생산 방식을 결정하는 의사 결정은 동일한 생산량을 만들어 낼 때 비용을 가장 적게 들일 수 있는 방식을 결정하는 것이다.

예를 들면, 빵 하나를 만들 때 기계와 재료 등 자본 2단위와 사람 1명이 필요할 수도 있고, 사람 2명과 자본 1단위가 필요할 수도 있다. 이때 기업은 자본의 가격과 노동의 가격을 감안해 총비용이 적게 들어가는 생산 방식을 택한다. 자본의 가격이 10원, 노동의 가격이 20원이라면 자본 2단위와 노동 1단위를 들여 생산하면 총 40원의 비용이 필요한 반면, 자본 1단위와 노동 2단위를 고용해 생산하면 총 50원의 돈이 들어간다. 이 경우 기업은 당연히 자본 2단위와 노동 1단위를 고용해 생산을 할 것이다. 만약 자본의 가격이 20원, 노동의 가격이 10원이라면 반대로 자본 1단위와 노동 2단위를 고용해 생산을 한다.

노동과 자본의 대체가 가능할 때는 위의 예처럼 생산 요소의 가격에 따라서 생산하는 조합이 달라질 수 있다. 그런데 노동과 자본의 대체가 불가능할 수도 있다. 예를 들어, 사람이 삽으로 땅을 파는 경우를 가정해 보자. 1m 땅을 파는 데 10사람의 노동과 10자루의 삽이 필요하다. 그리고 삽과 노동은 대체가 불가능하다. 이에 따라 삽과 사람 사이의 한계 대체율은 0이 된다. 이 경우 땅을 효과적으로 파는 생산 조직을 운영하는 사람은 삽이나 노동의 가격과 상관없이 언제나 삽과 사람의 수를 똑같이 유지해서 생산을 하는 것이 가장 유리하다. 이처럼 한계 대체율은 생산을 조직하는 과정과 밀접한 관련이 있다. 삽으로 땅을 팔 때는 삽의 가격이 아무리 올라도 정해진 만큼의 삽을 사야 하고, 인건비가 아무리 많이 올라도 정해진 수만큼 근로자를 고용해야 한다. 사람이 없으면 그 사람을 대체할 수 있는 방법이 없기 때문이다. 시장에서 삽의 가격이 오르거나 임금이 바뀌더라도 생산에 투입되는 자본과 노동의 비율은 항상 일정하다. 이런 경우 노동과 자본의 상대 가격 비율이 아무리 변하더라도 생산에 투입되는 자본과 노동의 비율은 일정하다.

모든 것을 기계가 만드는 세상이지만 아직도 골동품을 만드는 장인들은 세상에 존재한다. 도자기를 손으로 만드는 장인들은 녹로에 흙을 올려놓고 돌려 가면서 도자기 모양을 만든다. 1사람의 장인이 도자기를 만들 때 녹로 하나를 이용할 수 있다. 녹로가 2개 있다고 해서 도자기 생산량이 늘어나지 않고 2사람이 하나의 녹로를 이용한다고 해서 생산량이 늘지 않는다. 도자기 만드는 장인과 녹로의 관계도 완전히 보완적인 생산 기술의 예가 될 수 있다. 서예가가 붓으로 글씨를 쓸 때, 바이올린 연주자가 바이올린을 켤 때 등등 사람이 아닌 기계나 도구를 총칭하는 자본과 사람이 완전히 보완적인 관계는 아직도 많이 목격할 수 있다.

완전히 보완적인 생산 기술을 가진 경우를 간단한 그림을 이용해 설명할 수 있다. 그림 2-1에서 가로축은 어떤 물건을 만들기 위한 노동의 투입량을 나타내고 세로축은 자본의 투입량을 나타낸다. 위의 그림에서 'L' 모양의 선은

그림 2-1

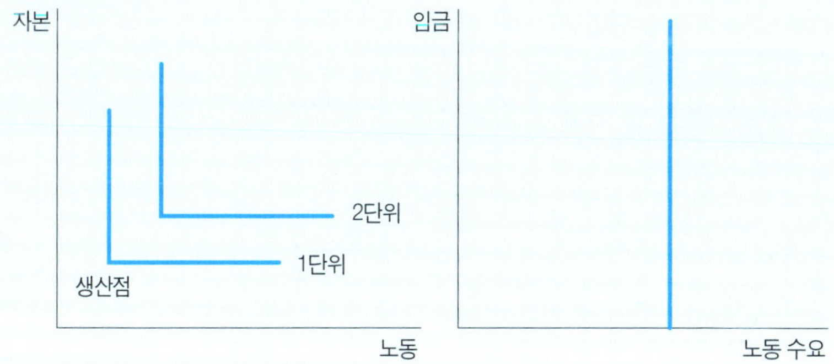

같은 양의 물건을 생산할 때 필요한 노동과 자본의 양을 표시해 주는 '등생산 곡선'이라고 부른다. 등생산 곡선이란 같은 양의 물건을 생산하기 위해 투입해야 할 노동과 자본량으로 표시된다. 등생산 곡선이 직각을 형성하는 선이 된다는 의미는 노동과 자본 중 하나만 투입량을 늘려서는 생산이 늘어나지 않는 것을 의미한다. 하지만 두 가지를 동시에 늘리면 생산은 늘어날 수 있다. 사람들이 1명당 삽 1자루를 들고 땅을 파는 경우, 1사람의 장인이 녹로 하나를 가지고 도자기를 만드는 경우 등이 여기에 해당된다.

이런 생산 기술을 갖고 있는 기업들은 생산 활동을 어떻게 할까. 삽과 사람을 고용해 땅을 파는 건설업자나 재봉틀과 사람을 고용해 옷을 만드는 고용업자 등을 생각해 보면 쉽게 예측이 가능하다. 이 기업은 언제나 사람과 삽, 사람과 재봉틀의 숫자를 같게 만들어 기업을 운영할 것이다. 사람 1명에 삽 2자루로 생산을 조직하거나 삽 1자루에 사람 2명으로 생산을 하는 것은 비효율적이다. 재봉틀의 경우도 마찬가지이다. 기업을 더 키우려고 한다면 사람과 삽의 양을 똑같이 늘려야 한다. 사람을 2명 뽑으면 삽도 2자루 구입해야 하고, 사람을 100명 뽑으면 삽도 100자루를 사와야 생산을 효율적으로 진행할 수 있다. 재봉틀의 경우도 마찬가지이다.

사람을 고용할 때 지불해야 하는 임금이나 시장에서 삽을 살 때 주어야 하는 삽의 가격이 바뀌는 경우도 마찬가지이다. 건설업자가 100명의 사람과 100자루의 삽을 가지고 사업을 하던 도중 근로자에게 지급하는 임금이 평소보다 20% 늘어났다고 가정하자. 이때 건설업자는 어떤 판단을 할까. 우선 드는 생각은 고용하는 근로자 수를 80명 정도로 똑같이 20%만큼 줄여 인건비를 줄이는 것이다. 이 경우 이 기업이 가지고 있던 삽 20자루는 무용지물이 된다. 근로자 20명을 줄이면 생산량은 종전 생산량의 80%로 떨어질 뿐만 아니라 삽 20자루도 사용할 수 없게 된다. 이런 생산 방식은 기업에게 효율적이지 않다. 이 기업은 이윤이 올릴 수 있다면 20%만큼의 임금을 더 주고서라도 고용을 유지하는 것이 유리하다. 시장에서 삽의 가격이 오르는 경우도 마찬가지이다. 삽의 가격이 20% 올라 이 기업이 삽을 80자루만 산다고 하면 사람도 자동적으로 80명만 고용해야 한다. 이 경우 생산량도 20% 줄어들게 된다. 이런 경우에도 기존 생산량을 유지하기 위해서는 삽을 100자루 사는 것이 유리하다. 기업이 이윤만 올릴 수 있다면 임금이나 자본의 가격이 올라도 종전과 동일한 양을 투입해 생산을 계속할 것이다.

이 때문에 임금과 이 기업의 노동 수요의 관계는 그림 2-1처럼 가로축에 수직인 직선이 된다.• 다만 임금이 너무 많이 올라 같은 수의 사람을 고용할

• 이 그림에서 세로축은 노동의 가격인 임금을 나타내고, 가로축은 임금이 주어졌을 때 필요한 노동의 양을 표시한다. 이는 생산 요소 시장에서 노동에 대한 수요 곡선이 된다.

때 기업이 손해를 본다면 기업은 생산 활동을 하지 않을 것이다. 즉, 이 기업이 생산 활동을 한다면 근로자에 대한 수요는 임금과 상관없이 일정하게 될 것이다. 삽으로 표시된 자본도 마찬가지이다. 기업이 생산 활동을 계속하는 한 자본의 가격이 오르더라도 자본에 대한 수요는 항상 일정하게 된다. 이 같은 그래프가 의미하는 것은 가격이 아무리 바뀌더라도 이 생산 요소에 대한 수요는 항상 일정하다는 것이다. 수요가 항상 일정하기 때문에 시장에서는 이 수요에 맞는 공급을 해주는 곳에서 균형이 성립한다. 즉, 수요에 의해서 생산 요소에 대한 수량이 결정되고 공급 스케줄에 의해서 가격이 결정되는 것이다. 이처럼 한계 대체율이 0인 경우 생산 요소에 대한 수요 곡선은 가로축에 수직인 일직선과 같은 모양이 된다.

이런 생산 기술 아래에서 물건을 생산하는 기업들이 있는 사회에서는 실업이 큰 문제가 되지 않는다. 경제 상황이 변해 임금이 오르더라도 물건을 만들어 팔기 위해서는 항상 일정 수의 근로자를 고용해야 하기 때문이다.

한계 대체율이 0이 아닌 생산 기술을 갖고 있는 기업의 경우에는 이야기가 좀 다르다. 앞에서 살펴본 것처럼 노동과 자본 간의 한계 대체율이 각각의 양이 늘어날수록 체감하는 경우를 생각할 수 있다. 처음에는 노동을 자본으로 대체하면 자본이 조금 들지만 노동이 갈수록 줄어들고, 이를 자본으로 대체할 경우 자본량은 점점 많아지는 경우이다. 이때의 생산 기술을 앞에서 '볼록한 생산 기술'이라고 불렀다.

이런 경우에는 자본과 노동의 가격에 따라 어느 정도의 사람을 고용하고 어느 정도의 자본을 생산에 투입할지가 결정된다. 자본의 가격이 비싸면 근로자를 더 많이 고용하고 기계를 줄이고, 임금이 올라가면 고용을 줄이고 기계

그림 2-2

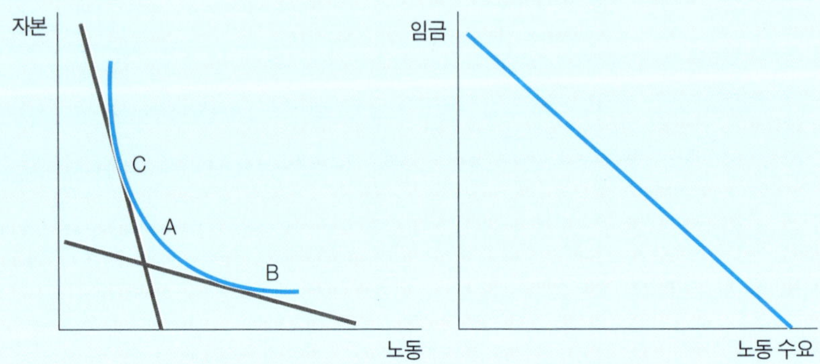

를 늘리는 식이다.

그림 2-2에서 보는 것처럼 한계 대체율이 노동이 증가할수록 감소하는 경우에는 똑같은 양의 물건을 생산할 때 요소 투입을 표시하는 등생산 곡선은 볼록한 모양이 된다.• 이 기술을 볼록한 기술이라고 부르는 이유이기도 하다. 볼록한 모양의 곡선 각 점에서의 기울기는 자본을 한 단위 줄였을 때 같은 양의 물건을 생산하기 위해 필요한 노동의 양을 나타낸다. 위 그림에서 보듯이 자본의 양이 줄어들수록 자본을 한 단위 포기하였을 때 필요한 노동의 양이 많아진다는 것을 확인할 수 있다. 이 그림에서는 등량 곡선의 기울기의 절댓값이 점점 줄어드는 것으로 나타난다.

이런 생산 기술을 갖고 있는 기업은 어디서 생산을 하게 될까. 그림 2-2에

• 볼록하다는 것은 어떤 집합 내의 두 점을 직선으로 연결하였을 때 연결한 선분 위에 있는 모든 점들이 그 집합 내에 존재하는 경우를 말한다.

서 직선은 노동과 자본의 상대 가격을 의미한다. 직선의 기울기는 노동 1단위에 대한 자본 1단위의 교환 비율을 표시한다. 예를 들어, 기울기가 1이라는 것은 노동 1단위와 자본 1단위가 시장에서 교환될 수 있다는 의미이다. 노동의 가격이 2배로 오른다면 기울기는 2가 될 것이다.* 직선의 기울기가 가팔라질수록 자본에 대한 노동의 상대 가격이 높다는 것을 의미한다.

이 기업은 시장에서 상대 가격이 직선과 같이 주어질 경우 볼록한 곡선과 상대 가격을 표시하는 직선이 서로 접하는 점에서 생산을 할 것이다. 이 점이 동일한 양의 물건을 생산할 때 가장 비용을 적게 들여 생산할 수 있는 점이기 때문이다.** 등생산 곡선과 상대 가격선이 서로 접한다는 것은 생산 기술에 있어서 자본과 노동의 상대적인 가치와 객관적으로 주어진 시장에서의 상대적인 가치가 서로 일치한다는 것을 의미한다. 그림 2-2에서 볼 때도 곡선과 직선이 접하는 점이 아닌 경우에는 항상 더 적은 비용으로 같은 양의 물건을 생산할 수 있는 점이 존재하게 된다.

그럼 상대 가격 비율이 달라지는 경우에는 어떤 일이 발생할까. 처음에 A 점에서 생산하던 기업의 경우 노동의 상대 가격이 높아지면 가장 효율적인 생산 조합은 C로 옮겨 간다. 노동의 상대 가격이 올랐기 때문에 같은 양의 물건을 생산할 때 노동 투입을 줄이고 자본 투입을 늘리는 것이 유리하기 때문이다. 마찬가지 이유로 노동의 상대 가격이 낮아지면(자본의 상대 가격이 높아지면) 가장 효율적인 생산점은 B로 이동한다. 노동의 상대 가격이 낮아지면 노동 투

* 보다 엄밀히 말하면 기울기의 절댓값이다. 이 그림에서 기울기는 음수로 표시되기 때문이다.

** 직선과 곡선이 접하지 않는다면 그림상으로 같은 양의 물건을 생산하면서 비용을 줄일 수 있는 방법이 반드시 존재한다. 예를 들어, 등량 곡선에서의 접선의 기울기가 3이고 가격선의 기울기가 2라면 이 기업은 자본 투입량을 줄이고 노동 투입량을 늘리면 비용을 줄이면서 같은 양의 물건을 생산할 수 있게 된다.

입은 늘리고 자본 투입은 줄이는 것이 효과적이다.

이처럼 상대 가격의 비율이 달라질 때 노동과 자본의 투입 비율이 달라지는 것은 생산 기술에 있어서 노동과 자본의 대체가 가능하기 때문이다. 노동의 가격이 높을 때는 노동을 줄이고 자본을 늘리면 자본이 노동을 대신해 일을 잘 해 줄 수 있기 때문에 가능한 이야기이다. 앞에서 'L' 자 모양의 등량 곡선을 가진 경우에는 노동과 자본의 대체가 불가능하기 때문에 상대 가격이 바뀌더라도 노동과 자본의 투입 비율은 달라지지 않았다. 이처럼 볼록한 생산 기술을 가정할 때는 그 전과 상당히 다른 이야기를 할 수 있게 된다.

대표적인 것이 수요 곡선의 경우이다. 그림 2-2에서 상대 가격이 바뀔 경우 필요한 노동의 양을 나타내는 각각의 점을 연결하면, 노동의 가격이 높을 때는 노동의 투입을 줄이고 노동의 가격이 낮아지면 노동의 투입을 늘리는 모양의 선을 도출할 수 있다. 결국 생산에 필요한 노동량은 노동의 가격이 올라갈수록 줄어들게 된다. 시장에서 노동의 수요 곡선이 오른쪽으로 내려가는 모양을 보이는 것도 이 때문이다.

그림에서 오른쪽은 볼록한 기술 상태를 가진 기업의 생산 요소에 대한 수요를 의미하는 선이다. 가격이 오르면 수요가 줄어들고, 가격이 내려가면 수요가 늘어나는 모양이다. 경제학의 가장 보편적인 법칙인 "가격과 수요는 반비례한다."는 내용을 표시해 주는 것이며, 이를 통해 가장 전형적인 수요 곡선을 도출하는 방법이다. 여기서 주의할 점은 생산 기술, 즉 자본과 노동의 대체율을 나타내는 곡선이 왼쪽 그림처럼 볼록한 모양이어야 오른쪽으로 내려가는 모양의 수요 곡선이 도출된다는 것이다.

현실 경제에서 기업들이 임금이 올랐다며 고용을 줄이겠다고 밝히는 경우를 흔하게 볼 수 있다. 기업의 입장에서, 자본으로 인간의 노동을 대체할 수 있다면, 임금이 오를 경우 자본의 투입을 늘리고 사람의 고용을 줄이는 것은 어찌 보면 당연한 이야기이다. 자본주의 경제에서 흔하게 발생하는 이 같은 고용 패턴은 볼록한 생산 기술을 가정하면 쉽고 직관적으로 설명할 수 있다.

기술이 발전할수록 볼록한 생산 기술은 평평한 생산 기술로 바뀐다. 기계가 인간을 대체할 수 있는 정도가 갈수록 커지기 때문이다. 만약 근로자와 유사한 일을 할 수 있는 인공 지능(AI)이 도입되어 한계 대체율이 1에 가까워지고 노동, 자본의 투입량과 무관하게 일정하다면 어떤 상황이 벌어질까. 기업은 인공 지능을 구입할 때 들어가는 비용과 임금을 비교해서 싼값인 생산 요소만 고용해 물건을 만들려고 할 것이다.* AI를 이용하는 것이 임금을 주고 근로자를 고용하는 것보다 상대적으로 싸다면 AI만을 고용하려 할 것이고, 임금이 AI의 비용보다 싸다면 사람만 고용해서 물건을 만들려고 할 것이다. 가격이 조금만 움직여도 AI와 근로자 간에 급속한 대체가 발생한다. 기업 입장에서는 이윤을 극대화하기 위한 당연한 선택이지만, 경제 전체적으로 볼 때 이런 상태는 매우 불안정하다. AI값이 90원일 때는 AI만 고용하다가 AI값이 100원으로 오를 때는 근로자만 고용하려고 하면 시장에서 AI와 근로자에 대한 수요는 심하게 출렁거리게 된다. 근로자들은 하루아침에 일자리를 잃어버리게 된다. 단순히 몇 명을 고용하지 않는 것이 아니라 대규모 근로자들이 실직의 위기에 놓이게 된다. 그러다 임금이 낮아지면 다시 고용이 급속히 늘어난다. 이처럼 근로자들

* 여기서 말하는 가격은 단순한 임금과 자본 값뿐만 아니라 생산 요소를 고용함으로써 발생하는 모든 기회 비용을 합한 것이다. 예를 들어, 근로자들이 노조를 형성해 기업주와 협상을 할 때 들어가는 비용이나 자본의 유지를 위해 추가적으로 내야 하는 세금 등 모든 비용을 감안해 노동과 자본의 투입량을 결정한다. 이 책에서 말하는 비용이란 고용에 따른 기회 비용이다.

은 거대한 실직의 위기에 놓여 하루하루를 살아가게 되면서 경제는 매우 불안정한 상태에 빠진다.

한계 대체율이 0인 'L'자형 기술에서 한계 대체율이 투입량에 따라 변하는 볼록한 기술, 그리고 한계 대체율이 투입량과 상관없이 일정한 평평한 기술로 옮겨 갈수록 가격 변화에 따른 생산 요소 고용의 민감도가 커진다. 극단적으로 한계 대체율이 일정한 평평한 기술이 적용된다면 생산 요소 시장에서 수요와 공급이 일치하는 균형 가격이 결정되기 어렵다. 설사 시장이 균형 상태에 도달한다고 해도 이 균형은 매우 불안정하다. 가격이 조금만 움직여도 수요가 급속도로 변하기 때문이다. 시장에서 가격이 결정되지 않는다는 것은 시장 경제를 운용하는 과정에서 볼 때 매우 심각한 문제이다. 가격이 시장에서 조그마한 충격에도 천차만별로 움직이면 시장은 매우 불안해진다. 왜 그런지 간단한 그림을 통해서 살펴보자.

그림 2-3은 생산 기술상에서 자본과 노동의 완벽한 대체가 이루어지는 것이다. 요즘 공항에 가보면 로봇이 돌아다니면서 안내하는 경우를 종종 볼 수 있다. 종전에는 사람이 카트를 타고 다니면서 안내를 하였다. 사람이 안내를 하는 경우에는 기계가 사람을 대체하는 것이 한계가 있지만 로봇이 안내를 하는 경우에는 로봇과 사람 간의 대체 관계가 거의 1에 가깝다고 볼 수 있다. 공항을 운영하는 사람 입장에서는 일정 수준의 안내 서비스를 제공하는 사업을 하는 데 있어서 로봇과 사람의 고용 비율을 정할 때 비용을 놓고 판단할 수 있다. 로봇을 움직일 때 들어가는 비용이 사람을 고용할 때 들어가는 비용보다 적다면 로봇을 고용할 것이다. 제조 업체에서 물건을 생산하는 경우에도 사람과 로봇 간의 비교는 계속될 것이다. 4차 산업혁명으로 인공 지능이 발달할수

그림 2-3

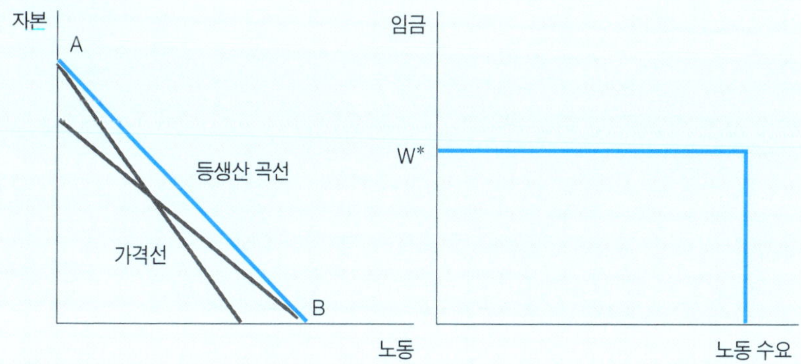

록 사람과 기계 간에는 경쟁이 치열해진다.

그림 2-3에서 파란색 선은 같은 양의 물건이나 서비스를 만들 때 투입되는 노동과 자본의 조합이다. 이 곡선이 직선이라는 것은 노동과 자본이 완벽한 대체 관계에 있다는 것을 의미한다. 예를 들어, 노동과 자본 각 5단위를 결합해 물건 10개를 만든다고 가정하자. 만약 대체 관계가 1이라면 노동 6단위와 자본 4단위, 또는 자본 6단위와 노동 4단위를 투입해도 같은 양의 물건을 만들 수 있다는 이야기이다.

이런 생산 기술의 등생산 곡선을 표시하면 그림 2-3에서처럼 파란색 직선으로 표시된다. 이때도 앞의 예와 마찬가지로 노동과 자본의 상대적인 가격에 따라 생산하는 포인트가 결정된다. 먼저 노동의 가격이 상대적으로 높다고 하면 이 기업은 노동은 고용하지 않고 자본(로봇)만 고용해서 생산을 할 것이다. 어차피 노동과 자본이 완전히 대체가 가능한데 굳이 비싼 노동을 고용해 생산할 이유가 없다. 노동의 가격이 상대적으로 높다는 것은 그림에서 보듯이 파란색 선으로 표시된 가격선의 기울기가 등생산 곡선의 기울기보다 가파르다는 이야기이다. 이때는 자본만 고용해서 생산한다. A점은 기업이 노동을 전혀 고용하지 않고 자본만 고용해 생산하는 것을 의미한다.

반면 자본의 가격이 상대적으로 높다면 이 기업은 자본은 투입하지 않고 노동만 투입해 생산을 하려고 할 것인가. 이때 생산점은 B가 된다.

이때 노동에 대한 수요를 그림으로 그려 보면 그림 2-3의 오른쪽 그림처럼 된다. 노동의 가격이 특정 가격인 W*보다 높은 경우에는 노동에 대한 수요는 0이다.• 반면 노동의 가격이 점점 내려와 W*에 도달하는 순간 노동의 수요는 급속히 늘어난다. 노동의 가격이 W*보다 낮아도 노동의 수요는 생산 전체를 할 수 있을 만큼 늘어나는 것은 마찬가지이다. 다만 가격이 정확히 W*일 때는 자본을 투입할 수도 있고 노동을 투입할 수도 있다. 이 때문에 노동의 투입량은 그림에서 수평인 직선 구간 중 한 점에서 결정된다. 그러나 어느 점이 될지는 예측할 수 없다.

생산 요소 중 하나인 자본에 대해서도 노동과 똑같은 논리로 이야기할 수 있다. 이처럼 생산 기술이 어떤 형태인지에 따라 생산 요소에 대한 수요 곡선의 모양이 크게 달라진다. 역사적으로 보면 사람이 도구를 처음 이용할 때는 그림 2-1처럼 L자 모양의 생산 기술이 일반적이었다. 삽으로 땅을 파는 경우가 여기에 해당된다.

산업혁명 이후 과학이 발달하면서 노동과 자본이 서로 대체되기 시작하

• 보다 구체적으로 말하면 노동의 가격이 자본의 가격보다 상대적으로 높은 경우를 말한다.

였다. 대체율은 점점 높아졌지만 그렇다고 완전히 대체할 수 있는 수준은 아니었다. 이런 경우에는 그림 2-2처럼 볼록한 곡선 모양의 생산 기술이 널리 활용되었다. 현재의 경제 이론도 이런 생산 기술을 가정하는 경우가 대부분이다. 볼록한 생산 기술이란 가정 아래 그림과 같은 우하향하는 수요 곡선이 도출된다. "가격이 오르면 수요량이 줄어든다."는 경제학의 기본 명제도 이런 생산 기술 하에서 나온 것이다.

그림 2-3은 앞의 두 개와 좀 다르다. 가격이 특정 수준을 넘으면 수요가 0이 되고, 이 수준보다 낮아지면 항상 수요는 최대치가 된다. 생산 기술이 사람과 자본이 완전히 대체할 수 있게 되면 노동 시장에서는 이 같은 일이 벌어진다. 자본 시장에서도 마찬가지이다. 자본과 노동 간의 대체 가능성이 높아질수록 시장에서의 수요 곡선은 평평하게 된다. 극단적으로 노동과 자본이 서로 완전히 대체할 수 있을 때는 수요 곡선이라는 것이 도출되지 않을 수도 있다. 수요는 불연속적인 점들로 이루어질 가능성이 있기 때문이다. 이런 생산 기술이 만연해지면 경제학에서 이야기하는 수요와 공급의 법칙이 적용되지 않는다. 평평한 기술이 어떻게 시장의 수요와 공급의 법칙을 파괴하는지 생각해 보자.

8

수요-공급 법칙의 파괴

앞에서 노동과 자본의 각 생산 요소 시장에서 수요가 어떻게 결정되는가를 보여 주었다. 이번에는 공급에 대해 살펴볼 필요가 있다. 우선 노동의 공급이다. 경제 이론에서 노동의 공급은 개인들이 여가와 소득 간의 선택을 통해 발생한다고 설명한다. 일을 하면 그 대가로 임금을 받는다. 또 여가를 즐기면 나름대로의 효용이 있다. 개인들은 일을 해서 돈을 벌 것인가, 아니면 일을 하지 않고 여가를 누릴 것인가를 항상 선택한다. 여기에는 두 가지 전제가 필요하다. 우선 노동은 사람들이 하기 싫어하는 일이라는 것이 바닥에 깔려 있다. 세상을 살다 보면 많지는 않지만 일을 하면서 즐거움을 느끼고 돈도 버는 사람들이 종종 있다. 이런 사람들에게는 노동과 여가의 선택은 어울리지 않는다. 사람들이 이런 일자리를 찾는다면 인생이 매우 행복할 것이다. 하지만 과도한 노동에 찌들어 있는 많은 현대인들에게는 직업으로서의 노동은 분명 하기 싫은 일이다. 그렇기 때문에 휴가나 휴식이 필요한 것이다.

현대 경제학은 이런 상태를 암묵적으로 가정하고 있다. 또 하나는 개인이 노동과 여가를 언제든지 선택할 수 있다는 가정이다. 이것은 앞의 가정보다 조금 더 강하다. 누구나 선택을 할 수 있다는 것은 직업은 항상 열려 있으며 일과 여가 사이에서 선택할 수 있는 권한이 개인에게 주어진다는 것을 의미한다. 쉬다가 일하고 싶다고 해서 바로 일을 구할 수 있는 사람이 현대 사회에서 얼마나 될까. 취업 전쟁을 벌이는 현대 사회에서는 일을 얻기도 어려울 뿐만 아니라 어렵사리 얻은 일자리를 한번 그만둔 후 재취업하기는 훨씬 더 어렵다. 그렇기 때문에 경제학에서 말하는 일과 여가의 선택이 비현실적이라는 지적도 제기된다. 다만 세상을 합리적으로 살아가려고 노력하는 사람들은 매일매일 일과 여가 사이에서 선택을 하기보다는 자신의 인생 전체를 놓고 일하는 시간과 여가를 선택할 수 있다고 볼 수 있다. 물론 이것 역시 비현실적이기는 하지만 갈수록 사람들의 합리성이 높아진다면 이런 식의 의사 결정이 있을 수 있다는 의미로 해석된다.

여기서는 일단 경제학의 가정을 받아들여 논리를 전개해 보자. 각 개인들은 여가와 소득 사이에서 선택을 하게 된다. 예를 들어, 하루 24시간을 놓고 사람은 하루에 얼마만큼의 여가를 누리고 얼마만큼의 소득을 얻을 것인가에 대해서 고민을 한다.[•] 소득이 있어야 필요한 것을 살 수 있기 때문이다.

그림 2-4에서 횡축은 여가의 소비량을 나타내고 종축은 여가를 포기함으로써 얻는 소득을 표시한다. 소득의 의미는 곧 노동을 해서 돈을 번다는 의미이다. 만약에 하루를 놓고 선택을 한다면 여가를 가장 많이 누릴 수 있는 것은 하루 24시간이다. 또 그림의 횡축을 지나는 직선의 기울기가 1시간의 노동을 통해 얻을 수 있는 소득을 의미한다. 즉, 직선의 기울기가 일을 할 경우 시간당 임금을 나타낸다고 볼 수 있다. 임금이 오른다면 여가를 1시간 포기하면 받을

• 앞에서 이야기하였듯이 이 시간 단위는 1년일 수도 있고, 인생 전체를 놓고 선택을 할 수도 있다. 다만 이 책에서 강조하는 것은 시간 단위를 어떻게 설정하더라도 논리가 전개되는 방식은 같다는 것이다.

그림 2-4

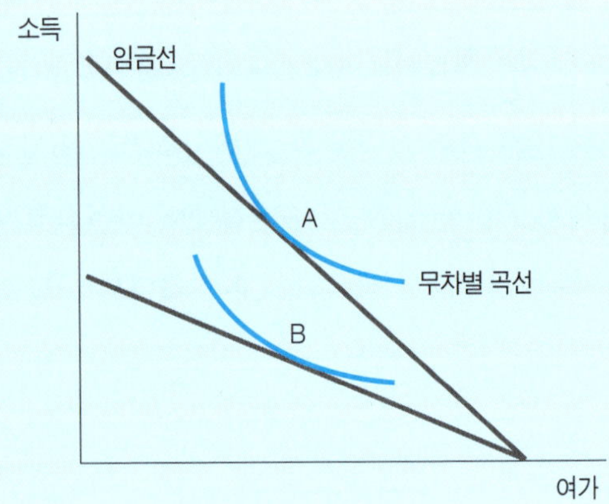

수 있는 돈이 많아지고 이때 직선의 기울기는 가파르게 된다.

그림의 곡선은 여가와 소득 간의 주관적인 대체율을 의미한다. 같은 효용을 주는 여가와 소득의 조합이라고 볼 수 있다. 이는 경제학적 용어로 여가와 소득 간의 무차별 곡선(indifference curve)이라 부른다.

무차별 곡선을 설명할 때도 볼록함은 매우 중요한 역할을 한다. 볼록함의 의미는 이렇다. 하루에 일을 하지 않는 사람은 소득이 없어서 필요한 물건을 전혀 살 수 없다. 이런 사람은 사회에서 생존하기가 어렵다. 그럼 이 사람이 1시간 일을 할 때는 100원의 임금을 받는다고 가정하자. 하루에 23시간을 쉬면서 보내다가 1시간 일하는 사람은 100원으로 하루를 살아야 한다. 그런데 이 사람이 2시간 일을 한다고 하면 2시간째 일을 할 때는 받고자 하는 주관적인 소득은 150원으로 늘어난다. 첫 번째 1시간을 일할 때보다 그 다음 1시간을 일할 때 근로자의 피로감은 증가한다. 이 때문에 두 번째 1시간을 일할 때는 더 많은 보상을 요구하는 것이다. 2시간 일할 때 이 근로자의 주관적인 총소득은 100원에 150원을 더해 250원이 된다. 3시간째 일을 하면 피로감이 더 늘어나기 때문에 시간당 임금은 180원으로 더 늘어난다.

볼록한 무차별 곡신은 이처럼 일을 추기적으로 하는 시간에 받고자 하는 주관적인 임금은 일하는 시간이 늘어날수록 점점 높아진다는 것을 의미한다. 현실 경제에서도 회사에서 야근을 할 경우 야근에 대한 수당은 평균 임금보다 높다. 주말에 일할 경우도 평상시보다 높은 임금을 받는다. 이런 제도는 계속 일을 할수록 근로자의 피곤함이 증가한다는 가정에 기인한다고 볼 수 있다. 그러다 이 사람이 24시간을 모두 일한다고 하면 마지막 24시간째는 매우 많은 소득을 얻어야만 일을 하려고 할 것이다. 하지만 이처럼 24시간 모두 일을 하는 것도 현실적으로 가능하지 않다. 이 경우 이 사람은 무한히 많은 돈을 주어야 24시간째에도 일을 할 생각을 할 것이다. 이때 무차별 곡선의 기울기는 무한대로 증가한다.

사람들이 이런 특성이 있을 때 개인들의 특정 수준의 효용을 나타내는 소득과 여가의 조합을 표시한 것이 볼록한 무차별 곡선이다. 경제학적으로 추가적으로 1시간 일할 때 필요한 주관적인 소득을 나타낸 것이 노동과 소득 간의 '한계 대체율'•이다.

근로자가 자신의 효용을 가장 높일 수 있는 점은 무차별 곡선과 소득, 여가를 표시하는 직선이 서로 접하는 점이다. 이 점의 의미는 주관적으로 근로자

• 여기서 한계 대체율이란 노동을 추가적으로 1단위 투입할 때 여가를 통해 보상 받을 수 있는 비율을 말한다. 앞서 생산 기술을 설명할 때 정의하였던 노동과 자본 간의 한계 대체율과 수학적으로는 동일한 논리이지만 그 내용은 다르다.

그림 2-5

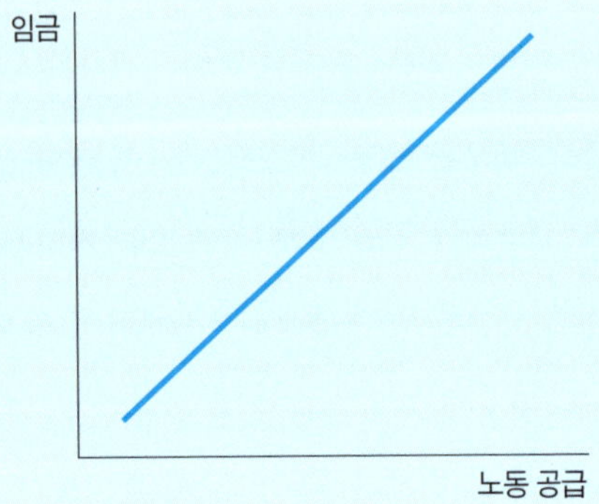

가 받고자 하는 소득인 무차별 곡선의 기울기와 객관적으로 받을 수 있는 임금인 소득–임금 선의 기울기가 같다는 것이다. 무차별 곡선의 기울기가 2라면 이 사람은 여가를 1시간 포기할 때 임금을 2단위만큼 받고 싶은 것이다. 그런데 시장에서 주어지는 임금이 1이라면 이 사람은 일을 하지 않고 여가를 즐기려고 할 것이다. 반대로 무차별 곡선의 기울기가 1이고 임금선의 기울기가 2라면 이 사람은 주관적으로는 시간당 1단위만 받아도 일을 하려고 하는데 시장에서 2단위만큼 임금을 준다면 여가를 줄이고 일을 더 많이 하려고 할 것이다. 이런 과정을 반복하다 보면 무차별 곡선의 기울기와 임금선의 기울기가 같아지는 점에서 주관적으로 생각하는 임금과 객관적인 임금이 같아지고, 이 점에서 근로자는 노동을 공급하고 임금을 받는 거래가 이루어지게 된다.

이처럼 여가와 소득 사이의 선택을 통해서 근로자의 노동 공급 곡선이 도출된다. 임금이 오를수록 여가를 줄이고 노동을 더 많이 하게 되는 것이다. 결국 가격과 노동 공급량 사이의 관계를 표시하는 노동의 공급 곡선은 오른쪽으로 올라가는 모양을 갖게 된다.

여기서 한 가지 의문이 생긴다. 만약 근로자의 한계 대체율이 일정하다면 어떻게 될까. 근로자가 일을 더 할수록 받고자 하는 주관적인 임금이 높아지는 것이 아니라 매번 일정할 수도 있다. 즉, 내가 받고 싶은 임금이 1시간 일할 때 100원, 2시간 일할 때 200원, 3시간 일할 때 300원 등으로 매시간 일할 때마다 같은 임금을 요구하는 경우도 생각해 볼 수 있다.

1명의 근로자를 가정하자. 그의 스타일은 하루에 8시간을 일하고 나머지 16시간은 잠을 자거나 쉬는 데 사용한다. 그러면서 일을 할 때 시간당 받고자 하는 임금은 200원으로 일정하다. 하루에 충분히 쉬기 때문에 일을 더 한다고 해서 피로감이 높아지지는 않는다. 다만 최대한 일하는 시간은 8시간으로 정해 놓았다. 이런 사람의 무차별 곡선은 그림 2-6에서 보듯이 직선으로 표시된다. 이 직선이 의미하는 바는 여러 가지가 있다. 우선 이 근로자는 하루에 여가를 16시간 이상 소비해야 한다. 16시간 여가를 소비하지 않는 삶은 의미가 없다. 다음으로 하루에 8시간까지 일을 할 때 주관적으로 받아야 하는 임금은 200원으로 일정하다. 앞에서 U로 표시되었던 무차별 곡선의 기울기는 이번에는 시간당 받고자 하는 임금이 200원으로 일정하다는 것을 의미하기 때문에 직선의 모양을 띤다.

즉, 무차별 곡선이 '볼록한' 모양이 아닌 직선과 같은 '평평한' 모양이 되는 것이다. 무차별 곡선이 평평한 모양이 된다면 근로자의 노동 공급 곡선은 전혀 다른 모양이 된다. 시간당 임금이 200원이 안 된다면 시장에서 주어지는 임금선은 무차별 곡선보다 완만한 기울기를 갖게 된다. 이처럼 시장에서 객관

그림 2-6

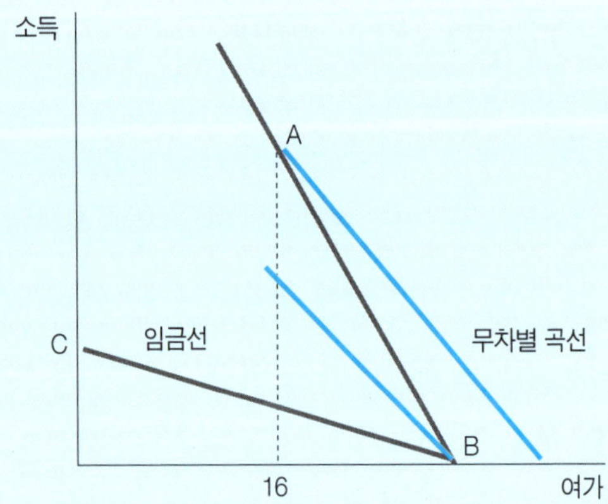

적으로 주어지는 임금이 근로자가 받고자 하는 주관적인 임금보다 낮을 경우에 이 근로자는 일을 하지 않을 것이다. 즉, 이 근로자는 구직 활동을 포기하게 된다. 이 경우 근로 시간은 0이다. 또 객관적으로 주어지는 임금이 200원보다 높은 경우에 임금선은 무차별 곡선보다 가파른 기울기를 갖게 된다. 이처럼 시간당 임금이 200원보다 높으면 근로자는 자신이 할 수 있는 근로 시간인 8시간 모두 일을 하고 소득을 받을 것이다. 평평한 선호를 갖는 근로자의 노동 공급 곡선은 매우 단순하다. 임금이 200원보다 작으면 노동을 하지 않을 것이고, 임금이 200원보다 높으면 8시간 노동을 한다. 임금이 200원일 때는 주관적인 근로에 대한 대가와 객관적인 근로에 대한 대가가 일치한다. 이 경우 A는 0시간에서 8시간까지 어느 시간이나 정해서 일을 한다.

이처럼 평평한 무차별 곡선을 가진 근로자의 노동 공급 곡선은 자연스럽게 우상향하지 않는다. 이때의 노동 공급 곡선은 그림 2-7에서처럼 'L'자를 거

그림 2-7

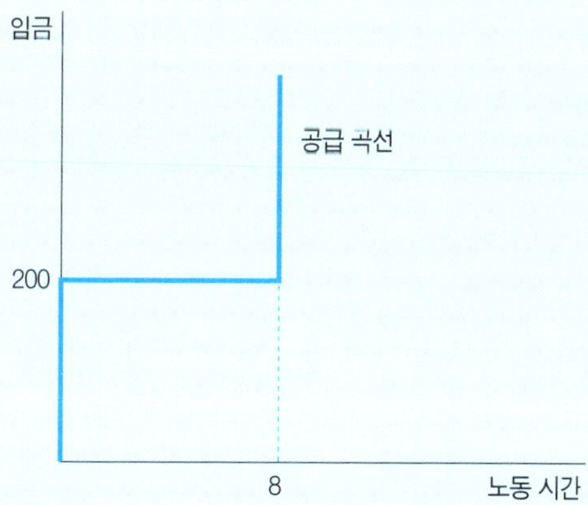

꾸로 그려 놓은 것과 유사한 모양이 된다. 즉, 임금이 200원에 못 미칠 때는 노동 공급이 0이고 임금이 200원일 때는 노동 공급이 0에서 8시간 사이 어느 점이 될 것이며, 임금이 200원이 넘을 때는 노동 공급은 8시간이 된다.

이처럼 근로자의 선호를 표시하는 무차별 곡선이 볼록하냐 평평하냐에 따라서 노동 시장에서의 공급 곡선은 전혀 다른 모양을 띠게 된다. 볼록한 무차별 곡선과 평평한 무차별 곡선 중 어느 것이 현실에 더 가까울까.

자신의 근로 형태를 보고 유추할 수 있다. 자신이 하루에 8시간 일할 때 시간당 임금이 계속 올라가는 것을 가정해 근로 시간을 정하는지, 아니면 시간당 임금을 동일하게 적용해 일자리를 구하는지 등을 생각해 보면 알 수 있다. 현실적으로는 후자와 같은 생각을 하는 사람이 많다.

그럼 왜 그동안 경제 이론에서는 무차별 곡선의 볼록함을 강조해 왔을까. 역사적으로 볼 때 현실적인 이유가 있었다. 산업혁명 초창기에는 노동 시간이 한정 없이 길었다. 특히, 아동 노동이 횡행하였던 시기였다. 이때의 기록을 살펴보면 근로자들이 하루에 19시간씩 일을 하였다는 기록도 있다. 24시간 중에 19시간을 일하고 임금을 받았다는 이야기이다. 일하는 시간이 이처럼 많은 때는 사람들이 느끼는 일에 대한 피로감은 급속히 증가한다. 실제 하루 10시간 이상 노동하게 되면 졸다가 사고가 나는 경우도 많고 몸에 무리가 와서 각종 산업 재해로 고생하는 경우도 많다. 이런 경우에는 일하는 시간이 늘어날수록 그것에 대한 기회 비용은 빠른 속도로 증가하는 볼록한 무차별 곡선의 설명력이 높아진다.

또 당시 일의 내용도 단순한 노동이 대부분이었다. 기계가 돌아가는 공정에서 사람이 하는 일은 큰 기술을 필요로 하지 않았다.• 기업들이 폭발적으로 성장하던 시기여서 이때는 공장에서 일할 사람에 대한 수요가 계속 늘어났다. 이 때문에 사람들이 공장에서 일을 하려면 상대적으로 직업을 구하기 쉬웠다. 다만 이때도 근로자들은 생활과 무관하게 근로 시간까지 조정할 수 있지는 않았다. 또 농촌에서 도시로 인구 유입이 급속히 이루어지면서 상당수의 사람들이 도시 빈민으로 전락하기도 하였다. 이런 경우에는 근로자가 소득과 여가 사이에서 선택을 하면서 노동을 공급하였다고 보기는 어려운 측면이 있다. 이러한 문제는 있지만 고용된 사람들의 경우만 놓고 볼 때는 볼록한 무차별 곡선에 대한 현실 설명력이 현재보다 상대적으로 높았다고 볼 수 있다.

볼록함을 가정하면 이론적으로 매우 세련된 논리를 펼 수 있다는 점도 중요한 이유이다. 수학적으로 볼록하다는 것은 다양한 장점이 있다. 가장 많이

• 물론 기계 자체를 개발하고 만드는 창의적인 노동이 필요한 경우도 있었다. 하지만 당시 대다수의 사람들은 단순 노동을 통해 생계를 유지하였다.

이용되는 것이 극댓값과 극솟값•을 구하기 쉽다는 것이다. 그림 2-7에서 무차별 곡선이 볼록한 모양을 띠지 않으면 효용을 극대화하는 점이 한 점이 아닌 여러 점이 될 수 있다. 기존 경제 이론에서는 여러 가지 선택의 대안 중에 가장 좋은 점을 선택하는 것에 대한 기본적인 논리를 만드는 것이다. 이때 각종 선택 집합이 볼록하다는 것은 극대점이나 극소점을 찾을 수 있는 기본적인 조건이 된다. 또 볼록한 선호를 가정하면 이로부터 도출되는 공급이나 수요 곡선은 연속성을 띠게 된다. 공급이나 수요를 나타내는 곡선이 중간에 끊어지지 않고 계속 이어진다는 의미이다. 이런 성질은 균형 가격을 설명할 수 있는 매우 중요한 전제가 된다. 바로 이런 이유 때문에 기존 경제 이론에서는 많은 경우 개인들의 선호와 생산 기술의 볼록함을 가정하고 있다.

하지만 자본주의가 계속 발달하면서 하루 8시간 노동제가 정착되고 있다. 일과 여가의 병행을 의미하는 '워라밸'이라는 용어도 생겨나고 있다.•• 주 52시간 근무제는 근로자가 일을 하고 싶더라도 주당 52시간, 즉 하루 평균 10시간 이상 일을 하는 것을 법으로 금지하고 있다. 이런 분위기에서 사람들이 볼록한 무차별 곡선을 가정해 일을 할 때의 피로감이 급속히 늘어난다고 가정하는 것은 맞지 않다. 즉, 볼록함을 가정한 것이 산업혁명 초창기의 노동 시장에 맞았다면, 평평함을 가정하는 것은 4차 산업혁명기의 근로자들이 처한 현실에 더 잘 맞는다고 볼 수 있다.

• 극댓값은 주변의 함수값이 항상 이 값보다 작은 경우, 극솟값은 주변의 함수값이 항상 이 값보다 큰 경우를 말한다.

•• 워라밸이란 일(work)과 생활(life)의 균형(balance)을 의미하는 신조어이다.

9

근로자 임금 결정 방식의 변화

앞 장에서 노동 시장의 수요와 공급의 여러 측면을 살펴보았다. 크게는 두 가지이다. 생산 기술과 개인의 효용이 '볼록한 성격'을 띠는가, 아니면 '평평함'을 나타내는가이다. 대체로 산업혁명 초창기의 기술은 볼록한 성격을 가지고 있지만 4차 산업혁명이 본격적으로 진행되면 볼록함은 평평함으로 바뀐다고 볼 수 있다. 효용에 대한 성격은 생산 기술보다 조금 더 주관적이다. 이 때문에 효용의 볼록함과 평평함에 대해서는 여러 가지 설명이 가능하다. 그래도 시간이 지날수록 근로자들의 선호를 나타내는 성질은 볼록함보다 평평함이 현실에 맞는다는 설명을 하였다.

생산 기술과 효용이 볼록함과 평평함을 갖게 될 때 노동 시장에서의 가격인 임금은 어떻게 결정될까. 일단 생산 기술의 문제부터 살펴보자. 생산 기술로부터 도출되는 수요 곡선은 세 가지 종류가 있었다. 이 세 가지 수요 곡선의 형태에 따라 시장 가격 결정 방식은 각각 달라진다.

우선 그림 2-8처럼 생산 기술이 네모난 'L'자 모양인 경우이다. 이 경우는 노동과 자본이 서로 보완적인 관계를 맺고 있고 대체는 불가능하다. 이때는 노동의 수요 곡선은 특정 점에서 가로축과 수직인 일직선이 된다. 가격, 즉 임금

그림 2-8

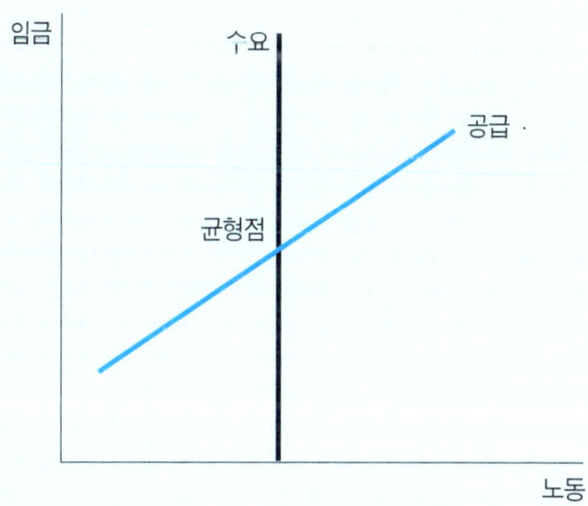

이 아무리 오르거나 내려도 노동의 수요는 항상 일정하다. 앞에서 설명하였듯이 생산 기술상 노동과 자본의 대체가 불가능할 때는 이런 모양의 수요 곡선이 도출된다.

그림에서 수요 곡선은 가로축과 수직인 직선이다. 가격이 어떻게 변하더라도 수요량은 고정된 상태를 의미한다. 반면 노동의 공급은 가격이 올라갈수록 늘어난다.• 앞에서 본 것처럼 여가와 소득 간의 선택 과정을 거쳐 공급 곡선이 형성된다. 이때 균형 가격은 수요 곡선과 공급 곡선이 만나는 점에서 형성되고 임금과 수량이 결정된다. 그리고 시장은 균형 상태에 도달하게 된다. 균형 가격이 결정된다는 것은 경제 내에서 노동에 대한 자원 배분이 완료되었음을 의미한다. 노동을 필요로 하는 사람과 노동을 통한 소득을 필요로 하는

• 앞에서 설명한 대로 이때는 소득과 여가와 관련한 무차별 곡선이 볼록한 형태를 띨 경우이다.

사람 간의 거래가 완성되었고, 이 거래에 대해 서로간의 불만이 없다는 것을 표현해 주는 것이 균형 가격이다.

균형에 도달하는 과정은 이렇게 설명된다. 시장의 중간에 있는 경매인이 균형 가격보다 높은 가격을 부르면 시장 참가자들은 자신들의 공급량과 수요량을 말한다. 이때 공급량이 수요량보다 많은 초과 공급이 있는 상태에 있으면 경매인은 가격을 낮춘다. 반대로 경매인이 균형 가격보다 낮은 가격을 불렀을 때는 수요가 공급보다 많은 초과 수요가 발생하므로 그는 가격을 높여 부른다. 경매인이 부르는 가격에 따라 초과 수요나 초과 공급량이 일정한 원칙에 따라 연속적으로 움직인다.• 가격은 항상 초과 수요나 초과 공급량을 줄이는 방향으로 움직이게 된다. 초과 수요나 초과 공급이 연속적으로 움직이고 가격이 이 양을 줄이는 방향으로 계속 작용할 경우 어느 순간에는 초과 수요나 초과 공급이 사라지는 균형 가격에 도달하게 된다.

이 균형 가격에 따라 노동이 배분되면 경제는 효율적인 상태에 존재하게 된다는 것을 경제 이론은 보여 준다. 효율적이라는 것은 자원의 낭비가 없는 배분 상태를 말한다.•• 균형 가격의 존재와 이에 따른 효율성은 생산 기술이 보다 볼록한 형태가 되면 더욱 설득력 있게 보여 줄 수 있다. 그림 2-9는 생산 기술이 볼록한 경우 수요 곡선과 공급 곡선이 만나는 과정을 보여 준다. 특정한 양의 물건을 생산할 수 있는 노동과 자본의 조합이 볼록한 모양이 되면 수

• 일정한 원칙에 따라 연속적으로 움직인다는 의미는 균형 가격과의 차이가 적을수록 초과 공급이나 초과 수요량이 줄어든다는 것을 의미한다. 또 가격이 균형 수준보다 높으면 초과 공급이 존재하고, 가격이 균형 수준보다 낮으면 초과 수요가 존재한다는 것은 '일정한 원칙'에 해당된다. 이런 일정한 원칙과 연속성도 모두 생산 기술과 효용 함수의 볼록성과 관련이 깊다.

•• 경제 이론에서 효율적인 상태란 어느 1사람의 편익을 줄이지 않고서는 다른 사람의 편익을 늘릴 수 없는 상태를 말한다. 경제 용어로는 이를 파레토 효율(Pareto efficiency)이라고 부른다.

그림 2-9

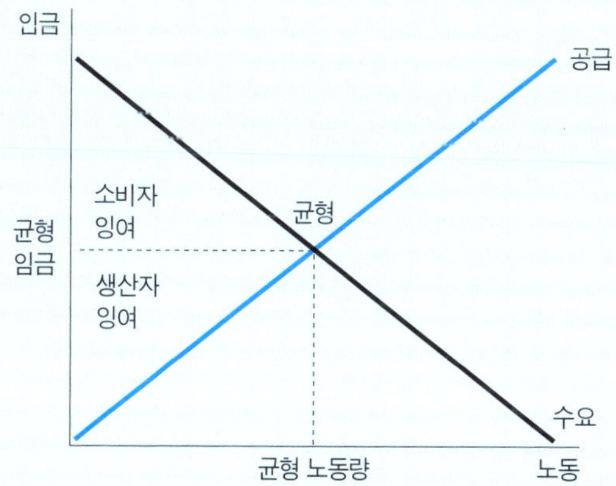

요 곡선은 가격이 떨어질수록 늘어나는 모양이 된다.

이 그림은 볼록한 선호와 볼록한 기술 아래의 수요 곡선과 공급 곡선을 보여 준다. 이 그림이 보여 주는 것이 "가격이 오를수록 수요는 줄어들고 공급은 늘어난다."는 경제의 기본 법칙이다. 가격과 수량이 균형으로 도달하는 과정은 위와 똑같다. 다만 수요 곡선이 가로축과 수직인 일직선이 될 때는 가격이 바뀐다고 해서 수요량이 달라지지 않지만 이 그림에서는 가격에 따라 수요량이 달라진다.

앨프레드 마셜이 '수요와 공급은 가격을 결정하는 양날의 칼'이라고 하였던 것에 딱 맞는 그림이다. 앞에서 보여 준 가로축에 수직인 수요와 공급 곡선의 모양과는 다소 차이가 있지만 두 그림 모두 시장에서의 균형이 존재한다는 것을 보여 주는 그림이다. 여기서는 노동 시장의 균형을 설명하였지만 생산물 시장에서도 똑같은 방식으로 균형 가격에 대한 이야기를 할 수 있다.

그럼 균형은 반드시 존재할까. 경제 이론에서는 볼록한 경제는 균형이 반드시 존재하고 또 그 균형은 효율적이라고 하는 것을 증명하는데, 논리는 다음과 같다.

우선 균형의 존재 여부이다. 직관적으로 수요 곡선이 우하향하고 공급 곡선이 우상향한다면 두 직선은 만날 가능성이 매우 높다. 하지만 반드시 균형점이 존재한다는 보장은 없다. 균형 가격의 존재를 보장 받기 위해서는 몇 가지 조건이 있다.

우선 같은 공간에서 수요 곡선과 공급 곡선이 연속성을 띠어야 한다. 중간에 끊어지지 않아야 한다는 것이다. 수요, 공급 곡선이 연속적이 아니라면 균형 가격은 존재하지 않을 수 있다. 이런 연속성을 보장하는 중요한 조건이 생산 기술의 볼록성이다. 생산 기술의 볼록한 특성을 갖는다면 이로부터 도출되는 생산 요소에 대한 수요 곡선은 연속적인 선이 된다.

공급 곡선도 마찬가지이다. 노동과 여가의 선택으로부터 도출되는 공급 곡선도 연속적인 선으로 도출된다면 수요와 공급이 만나는 점은 반드시 생긴다는 것을 알 수 있다. 쉽게 설명하자면 이렇다. 정사각형에서 두 선분이 있다고 가정할 때, 한 선분은 왼쪽 아래 꼭짓점에서 시작해 오른쪽 위의 꼭짓점으로 이동하는 선이고, 다른 쪽은 왼쪽 위에서 오른쪽 아래로 이동하는 선이라고 가정하자. 이때 두 선분이 연속적이라면, 즉 중간에 떨어지는 부분이 없다면 두 선분은 반드시 한 번은 만나게 된다. 수요, 공급 곡선이 만나는 균형 가격이 형성되는 것도 이와 비슷하게 설명이 된다.•

• 경제학에서는 고정점 정리(fixed point theorem)를 통해 균형의 존재를 증명한다. 이때 반드시 필요한 가정이 생산 기술은 볼록하다는 것이다.

다음으로 그림 2-9를 살펴볼 때 균형 가격에서는 소비자의 이익과 생산자의 이익이 가장 많은 점이 된다.

왜 그런지 꼼꼼히 따져 보자. 수요 곡선이란 어떤 가격을 제시하였을 때 개인이 필요로 하는 수량을 나타낸 선이다. 그런데 거꾸로 생각할 수도 있다. 어떤 수량에서 개인이 지불하고자 하는 최고의 가격을 표시한 선으로도 해석할 수 있다. 수요 곡선이 우하향한다는 것은 수량이 많아질수록 사람들은 낮은 가격을 지불하려 한다고 생각할 수 있다. 만약에 물건이 하나만 생산된다면 가장 높은 가격을 지불하고자 하는 사람, 즉 물건을 사서 가장 많은 편익을 볼 수 있는 사람만 그 가격을 주고 물건을 살 것이다. 가격이 조금씩 내리기 시작하면 돈을 조금씩 덜 낼 용의가 있는 사람, 즉 물건에 대한 편익이 작아지는 사람까지 시장에 와서 물건을 사려고 할 것이다.

한 사람이 물건을 산다고 가정해도 비슷한 이야기를 할 수 있다. 한 사람의 수요자가 느끼는 편익은 수량이 많아질수록 작아진다. 예를 들어, 밥을 1공기 먹을 때의 효용이 2공기째 먹을 때의 효용보다 크다. 처음에는 배가 고프지만 이미 밥을 1공기 먹었기 때문에 2공기째는 배고픔을 완화시켜 주는 효과가 작아지는 것이다. 이를 경제 이론에서는 '한계 효용 체감의 법칙'이라고 부르기도 한다. 사람들은 시장에서 거래하면 균형 가격을 주고 물건을 산다. 이 경우 이 사람들은 그림 2-9에서 보여지는 것처럼 균형 가격에서 수요 곡선 윗부분에 해당하는 삼각형의 넓이만큼은 가격을 지불하지 않고 효용을 얻는 셈이다. 이를 소비자 잉여(consumer surplus)라고 부른다.

소비자 잉여가 발생하는 것은, 어떤 물건으로부터 느끼는 편익은 사람마다 다른데 이 물건은 시장에서 하나의 가격에 교환이 이루어지기 때문이다. 예를 들어, 3명의 사람에게 휴대폰이 주는 효용은 다르다. 첫 번째 사람은 휴대폰이 너무 필요해 휴대폰으로부터 느끼는 이익이 100이고, 두 번째 사람은 이 이익이 70, 세 번째 사람은 50이라고 하자. 시장에서 가격이 50에 결정된다면 3사람 모두 50을 주면 휴대폰을 구입할 수 있다. 이때 첫 번째 사람은 50을 주고 휴대폰을 사면 50만큼 이익이고, 두 번째 사람은 20만큼 이익이다. 이럴 경우 사회적인 소비자 잉여는 70이 된다. 이 그림에서 균형 가격 윗부분 삼각형 모양의 영역이 소비자 잉여로 표시된다.

생산자도 비슷하게 설명할 수 있다. 우상향하는 공급 곡선은 특정 가격에서 공급할 수 있는 물건의 양을 표시하기도 하지만 특정 물건을 생산할 때 드는 비용이라고 볼 수도 있다. 물건 1단위를 더 만들 때 추가로 들어가는 비용을 한계 비용이라고 한다. 공급 곡선이 우상향한다는 것을 '한계 비용 체증의 법칙'이라고 부른다. 한계 비용을 모두 합한 것이 총비용이 된다.

수요와 공급에 의해 균형 가격이 결정될 경우 모든 기업이 이 균형 가격만큼 비용을 지불하는 것은 아니다. 생산성이 높은 기업은 균형 가격보다 훨씬 낮은 비용을 들여 생산할 수 있다. 예를 들어, 세 기업이 휴대폰을 만들어 판매하는데, 첫 번째 기업의 비용은 50, 두 번째 기업의 비용은 70, 세 번째 기업의 비용은 100이라고 가정하자. 휴대폰의 균형 가격이 100일 경우 첫 번째 기업은 50, 두 번째 기업은 30만큼의 이익을 보게 된다. 이 같은 이익을 모두 합한 80만큼이 생산자 잉여로 계산된다. 생산자가 무수히 많을 경우, 그리고 이들이 물건을 공급하는 경우를 가정하면, 그림 2-9에서는 균형 가격과 공급 곡선 사이의 삼각형 모양의 영역이 생산자 잉여(producer surplus)에 해당된다.

그림에서 보면 수요와 공급이 만나는 점에서 균형 가격이 형성되면 이때 생산자 잉여와 소비자 잉여를 합한 사회적 잉여가 최대가 된다는 것을 알 수 있다. 균형 가격보다 높은 곳에서 가격이 형성되면 생산자 잉여는 늘어날 수 있지만 소비자 잉여는 확실히 줄어든다. 이때 생산자와 소비자 잉여를 합한 영역은 균형 가격에서의 두 잉여를 합한 영역보다 작아진다. 가격이 균형 가격보다 낮을 때는 소비자 잉여는 늘 수 있어도 생산자 잉여는 확실히 줄고 두 합은 균형 가격에서의 잉여의 합보다 항상 작다. 이 때문에 균형 가격에서 생산되고 수요가 이루어지는 상태가 사회적 잉여가 가장 많게 되고, 이 때문에 이 점에서 자원 배분이 이루어지면 사회적으로 효율적인 상태가 된다.

이처럼 경쟁 시장에서의 균형 가격은 매우 중요한 의미를 갖는다. 완전 경쟁 시장에서 수요와 공급이 일치하는 균형이 반드시 존재하고 이 균형이 효율적이라는 것이 경제 이론의 기본 원리 중 하나이다.•

• 경제학에서는 이를 후생경제학의 제1정리라고 부른다. 이 정리에 대해서는 뒤에서 다시 이야기한다.

제3부

평평한 경제

1

무인점포가 확산된다면

생산 기술이 평평하게 바뀌면 앞에서 이야기한 수요와 공급의 원리가 성립하지 않는다. 인공 지능의 발달로 자본과 인간의 노동이 완벽하게 대체될 수 있는 경우이다. 자본과 노동이 완벽하게 대체되는 경우 노동에 대한 수요 곡선은 그림 3-1과 같이 된다. 자본에 대한 수요 곡선도 똑같은 형태를 띤다.

그림에서 보듯이 임금이 일정 수준보다 높으면 노동에 대한 수요는 0이다.• 임금이 하락해 기업이 근로자를 고용해 생산하고자 하는 임금 수준이 되는 순간 노동에 대한 수요는 급속히 증가한다. 이때 기업은 근로자를 최대한 고용할 수도 있고 자본과 노동을 임의의 비율대로 결합해 생산할 수 있다. 그림의 선분 AB 중 어느 점에서 노동에 대한 수요가 결정될 것인지는 기업의 선택에 달려 있다. 임금이 이 수준보다 떨어진다면 기업은 물론 노동만을 생산 활동에 투입할 것이다.

각종 점포에서 물건을 사람처럼 골라 주는 로봇이 발명되었을 때, 점포를 운영하는 기업들은 매장을 열 때 물건을 골라 주는 로봇과 같은 일을 하는 사

• 이때 기업은 기계만을 고용해 생산 활동을 한다.

그림 3-1

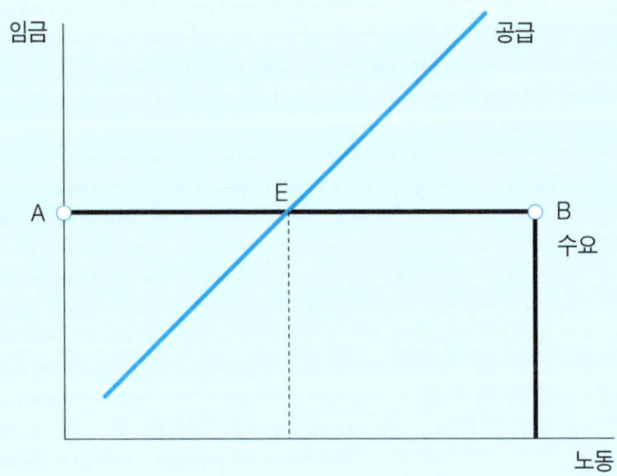

람을 어떻게 배치할 것인지에 대한 선택을 하게 된다. 이 기업은 다른 특별한 이유가 없다면 로봇을 구입하고 사용하는 데 드는 비용과 사람을 고용해 일을 시키는 비용을 계산해 본 후 비용이 적게 들어가는 쪽을 선택할 것이다. 이 기업은 임금이 상당히 높을 때는 당연히 로봇을 고용할 것이고 임금이 아주 낮다면 사람을 고용할 것이다. 사람을 고용할 때 드는 비용과 로봇을 투입할 때 드는 비용이 비슷하다면 사람과 로봇을 적절히 섞어서 점포에 투입할 수도 있다.

기업이 이처럼 평평한 기술을 가지고 있을 때 시장에서는 균형 가격이 어떻게 형성될 수 있을까. 여러 가지 사례에 대해 균형 가격의 존재를 생각해 볼 수 있다.

우선 노동에 대한 수요가 갑자기 증가할 때는 균형 가격이 존재하지 않는다. 기업이 일정 임금 이상에서는 기계만 고용하다가 어느 순간에 노동만 고용해 일을 하는 경우이다. 예를 들어, 점포를 운영하는 회사는 10명의 사람 또는 로봇이 필요하다. 그런데 로봇을 1대 들여오면 100원이 든다. 이 회사는 임금이 200원일 때는 로봇 10대를 들여와 점포를 운영한다. 그러다 어느 순간 임금이 100원으로 뚝 떨어지면 로봇 대신 사람을 10명 고용해 점포를 운영하려고 할 것이다. 로봇과 사람의 임금이 같다면 이 기업은 사람을 고용하는 것이 더 좋다고 생각하는 경우이다.

이 경우 근로자에 대한 수요는 임금이 101원일 경우 0이다. 이후 임금이 100원이 되면 갑자기 10명으로 급속히 늘어난다. 노동의 수요가 이처럼 0에서 10명으로 점프하는 경우는 수요가 연속적이지 않다. 노동 수요가 임금이 200원일 때 0명, 190원일 때 1명, 170원일 때 2명, 150원일 때 5명 등 점진적으로 늘어나는 경우가 연속적이다. 이처럼 노동에 대한 수요가 불연속적일 때는 시장에서 균형 가격, 즉 균형 임금이 존재하지 않을 수 있다.

이런 현상이 발생하는 이유는 노동의 공급은 점진적으로 증가하는데 수요가 갑자기 늘어나면 수요와 공급이 맞아떨어지는 지점이 존재하지 않기 때문이다. 예를 들어, 임금이 90원일 때 노동의 공급은 5이고, 임금이 100원일 때는 노동의 공급이 6이 되는 것처럼 공급은 점진적으로 증가한다. 이렇게 점진적으로 공급이 증가하는 이유는 앞에서 설명하였듯이 노동을 공급하는 근로자의 선호가 볼록하기 때문이다. 그런데 노동에 대한 수요는 임금이 101원일 때는 0이었는데 임금이 100원이 되면서 10으로 껑충 뛰어버린다면 수요와 공급이 일치하는 지점은 없다. 즉, 101원일 때는 노동의 초과 공급이 있었지만, 100원이 되면 노동에 대한 초과 수요가 생기기 때문이다. 초과 공급 상태에서 갑자기 초과 수요 상태로 점프하는 경우에는 수요와 공급이 만나는 균형 가격이 존재하기 어렵다.

이런 현상을 그림 3-1은 보여 준다. 가격이 오르면 공급은 점진적으로 올라가는 모양을 하고 있지만 수요는 가격이 일정 수준에 달하면 A에서 B로 점프한다. 이때는 수요 곡선과 공급 곡선과 만나는 점이 존재하지 않는다. 시장은 항상 인력에 대한 초과 수요 또는 초과 공급 상태에 놓이게 된다. 경제 내에 실업이 너무 많아 임금을 내려 고용을 늘리려고 할 때 임금을 어느 수준까지 내리면 사람이 모자라 구할 수 없는 상태가 된다. 거꾸로 말하면 임금을 조금만 올리더라도 기업들이 고용을 기피해 실업자가 대폭 늘어나는 현상도 이런 그래프로 설명할 수 있다. 고용 시장이 매우 불안정해지는 것은 4차 산업혁명의 중요한 특징이다. 그 원인이 이처럼 평평한 수요 곡선에 있다.

이런 경제에서도 균형 임금이 존재할 수는 있다. 로봇을 고용할 때와 사람을 고용할 때 드는 비용이 정확히 같은 경우 기업은 로봇과 사람을 나누어서 고용할 수 있다. 예를 들어, 무인 점포에서 로봇을 고용할 때도 100원, 사람을 고용할 때도 100원이 들고, 이 점포를 운영하는 기업이 필요한 인력이 총 10명인 경우 이 기업은 로봇 5대와 사람 5명을 나누어서 고용할 수 있다. 만약 임금이 100원일 때 노동의 공급량이 5명이라면, 이때 100원에서 노동에 대한 수요와 공급이 5명으로 일치한다. 시장에서는 균형 임금이 100원으로 결정되고 근로자들은 완전 고용 상태에 놓인다. 하지만 이런 현상이 발생하는 것은 극히 드문 경우이다. 기업 입장에서는 로봇과 사람을 고용할 때의 비용이 같다고 해서 고용을 꼭 5명 하라는 법은 없다. 로봇 1대와 사람 9명으로 할 수도 있고, 거꾸로 로봇 3대와 사람 7명으로 할 수도 있다. 하지만 이 정도의 임금을 지급한다면 노동의 공급량은 5 정도로 일정하다. 즉, 수요는 매우 불안정한 반면 공급은 일정하기 때문에 수요와 공급이 일치하는 균형 임금은 형성될 수도 있고 안 될 수도 있다.

위의 그림에서 살펴보면 임금이 일정 수준일 때 노동에 대한 수요는 선분 AB상의 한 점에서 결정된다. 이 수많은 점 중에서 어떤 점이 될지는 필연적인 요인이 아닌 기업가의 임의적인 선택으로 결정된다. 이때 수요가 공급 곡선과 만나는 점 E에서 결정되면 균형이 될 수 있지만 그렇지 않은 경우에는 균형은 존재하지 않는다. 균형의 존재가 매우 희귀한 경우가 될 수 있다는 의미이다. 노동 시장은 만성적인 실업이나 인력 부족 상태에 놓일 가능성이 높다.

균형 임금이 존재하지 않는다는 것은 큰 문제이다. 시장에 갔는데 물건값이 존재하지 않는다면 물건을 살 수 없는 것처럼 고용 시장에서도 가격 메커니즘이 존재하지 않음에 따라 노동이라는 생산 요소의 배분이 이루어지지 않는 것이다. 가격 역할을 하는 임금이 존재하지 않으면 경제 내에서 '신호(시그널) 효과'도 없게 된다. 임금은 항상 자원 배분의 기준이 되었을 뿐만 아니라 수요자와 공급자에게 시그널을 주어서 균형으로 가도록 유도하는 역할을 한다. 그런데 임금이 존재하지 않는다면 이 같은 시그널 효과도 없게 된다.

4차 산업혁명으로 생산 기술이 발전해 기계가 노동을 대체하는 속도와 비율이 커질수록 시장의 가격 메커니즘도 불안하게 되는 것이다. 임금이 제 기능을 못할 때는 이를 대체할 수 있는 다른 수단이 생겨나야 한다. 그렇지 않으면 점점 더 시장은 불안해지고 경제는 제대로 작동하지 않게 된다.

2

노동 공급의 변화

앞 장에서는 생산 기술이 평평한 경우의 노동 시장에서 임금과 노동량이 어떻게 결정되는지를 살펴보았다. 이번 장에서는 근로자의 선호가 평평한 경우 노동 시장에서 어떤 일이 발생하는지 살펴보자. 첫째는 생산 기술이 네모난 'L'자 모양인 경우 노동에 대한 수요는 그림 3-2처럼 특정 수량에 고정되어 있다. 임금이 아무리 올라도 특정 수의 근로자를 고용하지 않으면 생산 활동을 할 수 없는 기술이다. 이때 노동에 대한 수요 곡선은 특정 수량에서 수직선이 된다. 노동을 공급하는 근로자들은 특정 임금에서는 일정 시간 일을 하려고 하고, 임금이 이 수준에 미달할 때는 일을 하지 않으려고 한다. 근로자들이 평평한 선호를 가졌거나 주 52시간처럼 특정 시간 이상 일을 할 수 없도록 제도화한 경우에도 이런 모양을 띠게 된다. 이 경우 노동에 대한 공급 곡선은 그림처럼 계단 모양을 띠게 된다. 이때 특정 임금 수준에서 노동의 공급과 수요가 결정된다. 노동의 공급이 수요보다 많다면 일부는 실업 상태에 놓이게 된다. 일을 하고 싶은 사람은 많지만 일자리는 그만큼 없는 경우이다. 만약 노동의 수요가 공급보다 많다면 기업은 생산을 할 수 없게 된다. 대체적으로 이 경우 노동에 대한 수요보다 공급이 많은 것이 일반적이어서 기업은 생산 활동을 하고

그림 3-1

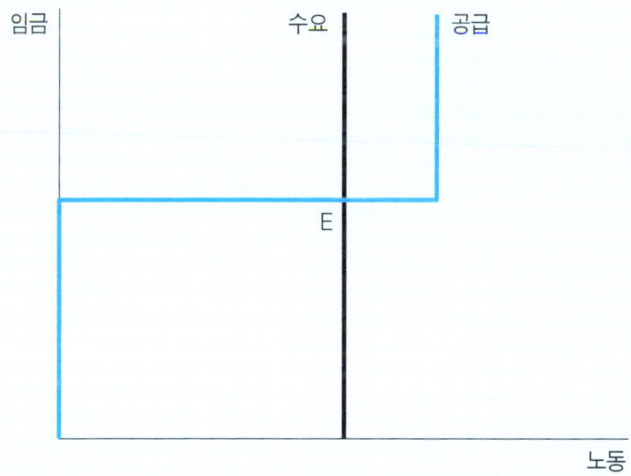

경제 내에는 일정 수준의 실업이 존재한다. 앞 장에서 이런 네모난 기술은 산업혁명 이전의 전근대적인 기술에 해당된다고 설명한 바 있다.

다음으로 생산 기술이 볼록한 경우 노동에 대한 수요는 임금이 낮아질수록 늘어나는 형태를 띠게 된다. 그림 3-2에서 수요 곡선이 우하향하는 경우에는 위 형태의 노동 공급과 만나는 점이 존재한다. 특정 임금 수준에서 노동에 대한 수요는 항상 있기 때문에 얼마나 많은 근로자가 고용될지는 문제이지만 수요와 공급이 일치하는 경우에는 항상 발생한다. 특정 임금에서 노동 공급이 수요보다 많을 때는 실업이 발생하고, 수요가 노동의 공급보다 많을 때는 임금이 올라가고 고용은 완전 고용 상태가 된다. 이 같은 경제 현상이 발생할 때 노동의 가격인 임금이 큰 역할을 하지 못한다. 특정 수준의 임금은 근로자들이 생활할 수 있는 수준에서 결정되거나 아니면 근로자들이 원하는 수준에서 먼

그림 3-2

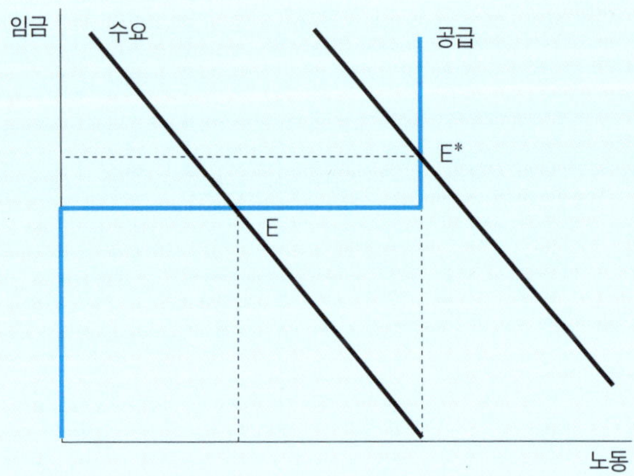

저 결정이 되고, 그 다음에 노동을 얼마나 고용할지가 결정되는 방식이다. 가격에 따라 노동의 수요와 공급이 신축적으로 움직여서 고용이 균형 상태에 도달한다는 기존 경제 이론의 논리와는 거리가 있다. 다만 이 경우에도 실업을 줄이기 위해서는 노동의 수요를 증가시키는 것이 중요하다. 경제 내에서의 노동 공급과 임금 수준은 항상 일정하게 결정되어 있기 때문에 이 임금 수준에서 기업들의 수요를 증가시키는 것이 실업을 없애는 가장 중요한 방법이다.

생산 기술과 근로자들의 선호가 모두 평평한 경우도 살펴볼 수 있다. 생산 기술이 평평할 때는 노동에 대한 수요는 수평선이 된다. 그림 3-3에서 노동에 대한 수요 곡선이 공급 곡선보다 아래에 있을 때는 시장에서 수요와 공급이 일치하는 균형은 존재하지 않는다. 근로자들은 최소한 일을 하면 시간당 임금을 100원만큼 받고자 하는데, 기업 입장에서는 임금이 100원이라면 근로자를 고

그림 3-3

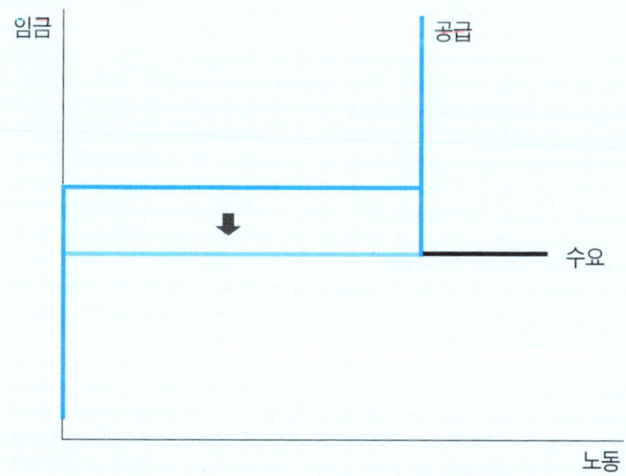

용하지 않고 로봇을 고용해 생산을 하겠다고 하는 경우이다. 즉, 로봇 고용의 비용이 근로자가 받고자 하는 임금보다 낮은 경우가 여기에 해당된다. 이런 경우 경제 내에는 대량의 실업이 발생한다. 만약 근로자들이 임금을 낮추어서라도 고용이 되기를 원한다면 근로자들은 임금을 낮추어 기업에 취업을 해야 한다.

문제는 4차 산업혁명이 진행될수록 기술이 발달하면서 로봇이나 기계를 고용하는 데 드는 비용이 줄어든다는 점이다. 예를 들어, 백화점에서 손님들에게 물건을 골라 주는 로봇을 1대 만드는 비용은 기술이 발전하면서 점점 줄어든다. 백화점에 고용된 근로자 입장에서는 처음에는 시간당 100원을 받았다고 해도 경쟁자인 로봇의 비용이 줄어들면 기업주는 로봇을 고용하려 할 것이고 이때 근로자는 고용 상태를 유지하기 위해 자신의 임금을 90원, 80원으로 계속 낮추어 주어야 한다. 이 때문에 4차 산업혁명기에 기술이 발달하면 근로자의 생활 수준은 점점 열악해지는 경향이 있다. 정부가 나서서 최저임금을 올리는 방식으로 문제를 풀 수도 있다. 하지만 정부가 최저임금을 올리면 기업들은 고용을 더욱 기피할 가능성이 높다. 기계로 사람 노동을 대체할 수 있는 시대에는 굳이 비싼 임금을 주고 근로자를 고용할 이유가 없기 때문이다. 최저임금을 올렸을 때 고용이 줄어드는 정도는 이전 시대보다 훨씬 더 커지는 것이 4차 산업혁명기의 특징이다.

아울러 근로자가 임금을 낮추어 고용을 유지하더라도 기업주 입장에서는 모든 근로자를 고용할 필요가 없다. 이 임금 수준은 로봇을 투입하는 비용과 같은 수준일 것이기 때문이다. 예를 들어, 기업이 근로자 10명을 고용하던 사업장에 로봇이 등장하는 경우 로봇과 근로자의 임금이 동일하다고 해서 기업이 근로자 10명을 고용하는 것은 아니다. 앞서 보았듯이 기업이 근로자 3명과 로봇 7대를 투입할 경우 근로자 7명은 일자리를 잃어야 한다. 이처럼 4차 산업혁명 시대의 고용 여건은 매우 취약해진다고 볼 수 있다. 임금이 낮아지는 것은 물론이거니와 임금이 낮아진다고 해서 고용의 안정성이 보장되는 것도 아니다. 이 때문에 근로자들의 생활을 보장하기 위해서는 근본적인 변화가 필요하다. 시대의 변화를 반영할 수 있는 다양한 방식의 사회 안전망을 구축해야 할 필요성이 점점 더 커진다.

그동안 시장 메커니즘에 의해 모든 문제를 해결하려던 시도도 4차 산업혁명기에는 근본적인 변화가 필요하다. 생산 기술과 효용이 평평할 때에는 시장에서 균형 가격이 형성되는 메커니즘은 자동적으로 만들어지지 않는다. 경매인이 중간에서 가격만 부르면 시장에서 자동적으로 균형 가격과 수량이 결정될 것이라는 믿음이 사라지게 되는 것이다. 이런 메커니즘이 현실적으로 어떤 결과를 가져오는지 살펴보고 대책을 마련할 필요가 있다.

3

달라진 노동 시장

볼록한 경제와 평평한 경제에서는 실업을 설명하는 방식도 다르다. 볼록한 경제를 설명하는 이론에서 실업은 근로자들의 선택 결과라고 본다. 경제 내에서 실업이 발생하는 이유는 근로자들이 받고자 하는 임금이 사용자들이 주려고 하는 임금보다 많아서 근로자들이 자발적으로 일을 하지 않기 때문에 발생하는 현상이라는 것이다.

그림 3-4는 앞에서 설명하였던 볼록한 형태의 기술과 무차별 곡선에서 도출된 수요와 공급 곡선이다. 여기서 외부적인 요인이 전혀 없다면 근로자들은 W만큼의 임금을 받고 자신의 노동을 제공한다. 수요자들도 이만큼의 임금을 지급하고 근로자들을 고용한다. 이것이 시장의 균형이다. 시장에서 일시적으로 이 균형에서 벗어나더라도 다시 이 점으로 오는 힘이 작용한다. 그런데 어떤 이유에서든지 시장이 경직적으로 움직여 임금이 W_1 수준에 고정되어 있다고 가정하자. 이때 노동의 공급량이 수요보다 훨씬 많아 노동의 초과 공급, 즉 실업이 발생하게 된다. 임금이 올랐으니 근로자들은 근로 시간을 늘려 돈을 많이 벌려고 할 것이고, 임금이 오르면 기업의 노동에 대한 수요가 줄어든다.

예를 들어, 정부가 최저임금 정책을 펴거나 노조와의 마찰 등으로 임금이

그림 3-4

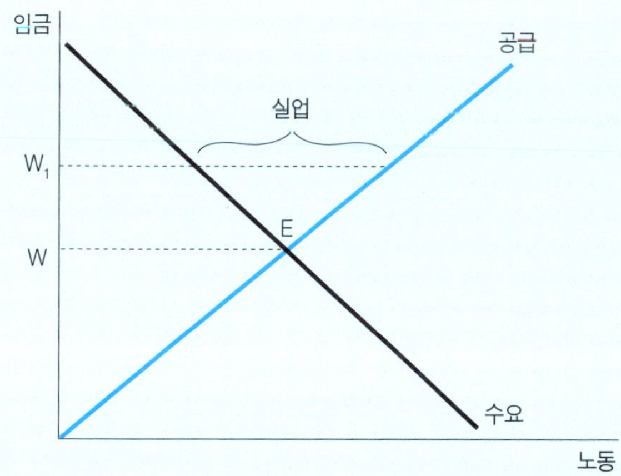

탄력적으로 움직이지 않는 경우에 이 같은 실업이 발생할 수 있다는 논리이다. 실업을 줄이는 방법도 간단하다. 임금이 균형 수준보다 높아 실업이 발생하기 때문에 임금이 탄력적으로 움직일 수 있는 제도를 만들어 주면 시장에서 자발적인 거래를 통해 실업이 줄어든다는 논리이다. 임금을 낮추면 근로자들은 노동 공급을 줄이고 기업들의 노동 수요는 늘어난다. 이런 과정을 거치면 노동 시장에서는 실업이 점차 줄어들고 결국 다시 균형점으로 복귀하면서 경제는 완전 고용 상태가 된다는 논리를 펴고 있다.

그런데 4차 산업혁명으로 생산 기술과 효용의 평평함을 가정한다면 이야기가 완전히 달라진다. 그림 3-4에서 보늣이 생산 기술이나 근로자의 무차별 곡선이 평평하다면 경제가 균형 상태에 있는 것이 오히려 이상할 정도로 불균형의 연속이 된다. 임금이 균형 임금 수준에 가까워져도 노동에 대한 기업들의

그림 3-5

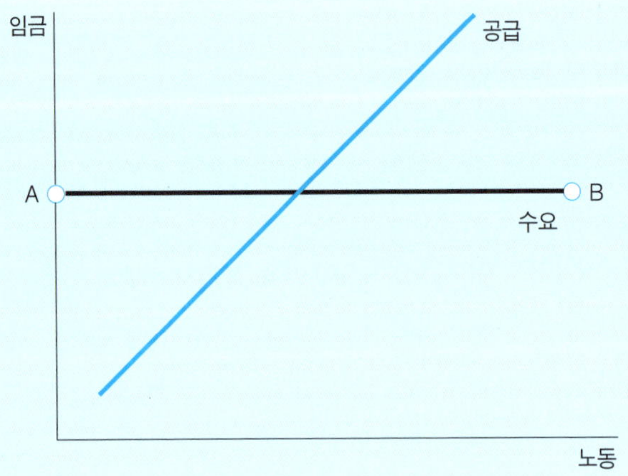

수요와 근로자들의 노동 공급이 일치한다는 보장을 하기 어렵다. 이런 가정 아래에서는 실업이 꼭 임금 수준이 높아서 발생하는 것은 아니다. 그림 3-5는 근로자의 효용을 나타내는 무차별 곡선은 볼록한데 생산 기술이 평평한 경우를 가정한 수요와 공급 곡선이다. 어느 임금 수준에서 노동의 수요와 공급이 존재하더라도 수요와 공급이 일치할 가능성은 별로 없다. 평평한 기술을 가정한다면 특정 임금 수준에서 수요는 전혀 없을 수도 있고 무한히 많을 수도 있다. 이처럼 수요와 공급과 일치한다는 보장이 없는 상태에서 노동에 대한 수요가 공급보다 작다면 경제 내에는 얼마든지 실업이 있을 수 있다. 위에서 설명하였듯이 4차 산업혁명이 진행되면서 자본과 노동 사이의 대체율이 높아질수록 이같은 실업이 발생할 가능성은 커진다. 이렇게 발생한 실업은 임금이 떨어진다고 해서 점진적으로 개선되지 않는다. 이처럼 4차 산업혁명이 발생해 노동과 자본 간의 대체가 급속히 진행되는 경우에는 임금 조절을 통해 노동 시장의 균형을 찾기가 어려워진다. 시장의 메커니즘에 의해 실업이 사라지지 않는다는 이야기이다. 아울러 실업은 한층 구조적인 문제로 고착화될 가능성이 높다.

실제로 4차 산업혁명기에 기계가 인간의 노동을 대체함으로 인해서 실업이 급속히 늘어날 것이 염려되는 상황이다. 지난 2016년 세계 경제 포럼(WEF)이 작성한 『미래 고용 보고서』는 미래 기술과 인구 및 사회경제적 변화로 인해 오는 2021년까지 향후 5년간 전 세계에서 710만 개의 직업이 사라질 것으로 전망하였다. 이런 현상을 그림에서 보면 근로자들의 직업이 사라지는 곳에서는 기계를 고용하는 것이 비용은 적게 들고 효율은 더 높아 노동에 대한 수요가 없어지는 산업이라고 볼 수 있다. 기계가 인간의 노동을 빠른 속도로 대체하고 또 근로자의 임금이 기계보다 상대적으로 높은 경우에 이런 현상이 발생할 수 있다. 이 분야에서 일하던 근로자들은 한순간에 일자리를 잃게 된다.

WEF가 작성한 보고서에서는 210만 개의 직업이 새로 생겨날 것으로 예상하였다. 일자리가 새로 생겨나는 부문은 위에서 보는 것처럼 수요가 급속히 늘어나 B점과 같은 위치에 있을 가능성이 높다. 4차 산업혁명에서는 이처럼 노동에 대한 수요가 급변동하는 것이 일반적이다. 이처럼 사라지는 직업과 생겨나는 직업을 합할 경우 총 500만 개 정도 되는 직업이 순수하게 사라진다고 볼 수 있다. WEF는 구체적인 직업군도 제시하였는데, 미래에 직업이 감소할 것으로 전망되는 산업군으로는 사무 행정직, 제조업 생산, 건설 채광업 등을 꼽았다. 직업이 줄어드는 숫자는 사무 행정직에서 470만 개, 제소업 생산 160만 개, 건설 채광업 50만 개 등이다.

빅데이터를 활용하는 4차 산업혁명 시대에는 고성능 컴퓨터 1대가 처리할 수 있는 정보의 양은 과거 수백 명의 인력이 처리하였던 정보의 양을 훨씬 능가한다. 고성능 컴퓨터 1대와 이를 다룰 수 있는 인력 1명만 있으면 수백 명의 사무 인력을 대체할 수 있다는 계산이 나온다. 제조업 생산 분야도 상황은 비슷하다. 제조 공정에 대한 자동화가 급속하게 진행되면서 기계가 사람을 대체하는 속도가 점점 빨라지고 있다. 과거 수많은 인부들이 동원되었던 건설 현장에서도 기계는 많아지고 사람은 줄어들고 있다.

WEF는 재무 관리(50만 개), 매니지먼트(41만 개), 컴퓨터 수학(40만 개) 등의 직종에서는 일자리가 새로 만들어질 것으로 전망하였다. 전반적으로 단순 노동을 요구하는 일자리들은 사라지지만 하이테크가 요구되는 일자리는 더 많이 만들어질 수 있다는 논리이다.

직업의 부침을 보면서 몇 가지 주의해야 할 사항이 있다. 우선 고용 시장에서 수요와 공급의 불균형을 나타내는 미스매치는 일반적인 현상이 될 가능성이 높다는 것이다. 과거 제조업 시장에서는 기계가 사람을 대체하면서 노동의 초과 공급 상태가 늘 발생하고 하이테크나 두뇌를 많이 사용하는 부문에서는 기계보다 사람에 대한 수요가 대폭 늘어 상시적인 노동 부족 상태가 발생한다는 것이다. 기존 경제학에서 이야기하는 균형이 사실상 존재하지 않을 가능성이 높다. 이처럼 4차 산업혁명으로 발생하는 실업은 단기적, 마찰적 실업이 아닌 구조적, 항구적인 실업이다. 일자리 자체가 없어져서 발생하는 문제이기 때문에 시간이 지나거나 경기가 살아난다고 해서 새로 고용될 가능성은 없다.

여기서 근로자의 재교육 문제가 발생한다. 볼록한 경제에서는 근로자들이 비교적 동질적이라는 것을 가정한다. 업종이 다르더라도 임금이 오르내리면 업종 간에 근로자들의 이동이 발생해 시장이 균형을 찾아간다고 본다. 볼록한 기술과 선호 체계를 가정하면 시장의 수요와 공급 곡선은 점진적이고 연속적이 된다. 이런 경우에는 가격이 조금 오르면 수요와 공급이 조금씩 영향을 받아서 균형을 찾아간다. 그런데 4차 산업혁명기에는 평평한 기술과 평평한 선호가 더 설득력이 있다. 이 경우에는 수요가 급속히 바뀌고 근로자들의 업종 간 이동도 원활하지 않는다. 제조업체에서 일하던 근로자가 컴퓨터 소프트웨어 회사에서 일할 수는 없는 것이다. 4차 산업혁명기에 실업은 구조적이고 항구적인 현상이 되는 이유이다. 실업을 해소하는 방법도 볼록한 경제에서 이야기하는 것처럼 임금과 노동의 유연성을 높이는 것만으로는 부족하다. 근로자들이 하루라도 빨리 새로운 환경에서 새롭게 일을 할 수 있도록 교육과 훈련을 강화하고 실업 상태에서도 인간적인 생활을 할 수 있도록 사회 안전망을 구축하는 것이 필요하게 된다.

4

가격이 사라진 시장

지금까지 생산 요소 중 하나인 노동에 대한 수요와 공급이 어떻게 결정되는지를 살펴보았다. 지금부터는 생산물에 대한 수요와 공급, 그리고 가격이 어떻게 결정되는지 살펴본다.• 물건의 가격이 결정되는 메커니즘도 4차 산업혁명으로 기술이 빠른 속도로 발전하는 시대에는 종전과 달라진다. 보다 직접적으로 말하자면 시장에서 가격을 통해 물건을 교환하는 방식이 제대로 작동하기 어려워진다. 이런 내용을 설명하기 위해 하나하나 단계별로 왜 그런지 따져 보자.

시장에 물건을 공급하는 사람은 기업이고, 이 물건을 소비하는 사람은 개인인 경우가 많다. 이 때문에 기업은 물건의 공급자, 개인은 수요자가 된다. 생산 요소 시장에서는 개인이 노동이라는 생산 요소를 공급하는 공급자가 되고 기업은 노동을 필요로 하는 수요자가 되는 것과 반대이다.

이 때문에 생산물 시장에서 기업이 어떤 스케줄에 따라 공급하는지를 살펴보고 개인은 어떤 스케줄에 따라 생산물을 수요하게 되는지 살펴볼 필요가

• 노동의 경우 생산 요소로 구분되지만 자본의 경우 생산 요소와 생산물 간 경계가 모호하다. 생산물이 다시 생산 요소로 투입될 수도 있다. 여기서 생산물은 자본으로서의 생산 요소까지 포함한다.

있다. 먼저 개인의 수요부터 살펴보자.

개인들의 수요에 대한 설명은 이들이 어떤 선호 체계를 갖고 있는지에서 출발한다. 생산 기술이 시대에 따라 조금씩 바뀌는 반면 개인의 선호에 대한 가정도 조금씩 바뀔 수 있다. 하지만 시대와 상관없이 사람들이 공통적으로 가지고 있는 속성을 살펴볼 수 있다. 개인들이 일단 합리적이라고 가정하면 그들의 합리성이 드러나는 몇 가지 선호 체계가 있다.

첫 번째 가정은 소비자들이 상품을 비교할 수 있는 능력이 있다는 것이다. 예를 들어, 사과와 배가 있으면 사과를 더 좋아하는지, 배를 더 좋아하는지, 아니면 사과와 배를 똑같이 좋아하는지에 대해 명확히 판단할 수 있다는 것이다. 기존 경제 이론은 그만큼 소비자들이 물건에 대한 정보와 자신의 선호를 정확히 알고 있다는 것을 가정한다.

얼핏 보기에는 그럴 듯해 보이지만 세상을 살다보면 그렇지 않은 경우도 있다. 시장에 가서 물건을 살 때 모든 물건에 대해 내가 선호 체계를 가지고 있지는 않다. 쌀의 종류만 해도 수십 가지가 되는데, 그중에서 내가 어떤 쌀을 더 좋아하는지 모르는 경우도 많다. 하지만 이런 애매모호함은 경제를 설명하는 과정에서 배제된다.

다음 가정은 소비자들의 선호가 일관성을 띤다는 것이다. 예를 들어, 내가 사과보다 배를 더 좋아하고 배보다 바나나를 더 좋아하면 사과보다는 바나나를 더 좋아한다는 것이다. 이 가정 역시 그럴 듯하지만 어찌 보면 이상한 것 같기도 하다. 사람들은 사과보다 배를 더 좋아하고 배보다 바나나를 더 좋아하지만 사과를 바나나보다 더 좋아한다고 해서 이상할 것은 없다. 그런데 경제 이론에서는 이런 경우 소비자가 합리적이지 않다고 본다.

또 하나의 중요한 성질은 사람들이 극단적인 것보다는 골고루 보유하는 것을 좋아한다고 보는 것이다. 예를 들어, 사과 1개와 배 10개를 가지고 있는 것보다는 사과 5개와 배 6개를 가지고 있는 것을 더 좋아한다는 가정이다. 이것 역시 현실과 맞지 않을 수 있지만 이런 가정을 하고 있다. 골고루 갖는 것을 극단적으로 한두 개를 소유하는 것보다 좋아하는 성질은 '볼록성'과 관련이 있다.

다른 중요한 가정은 바로 '불포화성'(non-satiation)이라고 불리는 가정이다. 이는 사람들이 아무리 많은 재화를 갖고 있다고 해도 이것보다 더 많은 재화를 갖게 되면 더 좋아한다는 이야기이다. 예를 들어, 내가 하루에 사과를 먹을 수 있는 최대량이 10개라고 가정하자. 10개 이상은 먹을 수 없다. 현실에서 내가 사과를 10개 보유하거나 11개 보유하거나 소비하는 양은 똑같기 때문에 별 차이를 못 느낄 수 있다.• 하지만 경제 이론에서 가정하는 개인의 선호는 10개보다는 11개, 11개보다는 12개 갖는 것을 더 선호한다고 가정한다. 욕심쟁이 인간을 가정하는 셈이다.

개인의 선호에 대한 성질을 도출하는 것은 다분히 주관적이다. 동의하는 측면도 있지만 동의가 안 되는 측면도 있다. 경제 이론이 이런 가정을 하는 이유는 현실을 반영한 측면도 있지만 그보다 더 중요한 것은 논리적인 정합성을 위해서이다. 특히, 위에서 언급한 소비자의 선호는 모두 수학적으로 표현이 가능하다.

이렇게 수학적으로 표현된 선호를 통해 다음 단계를 도출하고, 이는 계속

• 여기서는 일단 사과를 가지고 다른 물건을 교환해서 소비하는 경우는 상정하지 않는다.

이어져 시장에서의 수요 함수까지 연결이 된다. 이 과정을 간단히 설명하면 다음과 같다.

위에서 언급한 선호를 토대로 개인들의 효용 함수라는 것을 만든다. 효용 함수는 사람들이 재화를 소비함으로써 발생하는 효용을 숫자로 표시한 것이다.● 이 효용 함수에서 특정한 효용을 주는 물건들의 조합을 도출해 낸다.

그리고 이 소비자는 자신에게 주어진 소득과 물건값을 보고 자신들의 효용을 최대로 끌어올려 주는 소비를 한다. 즉, 자신의 소득과 물건값이 주어지면 이 소비자는 자신의 효용을 극대화하는 소비점을 찾는다. 여기서 가격 변화에 따른 소비자의 수요 스케줄이 도출된다. 전체 소비자의 수요를 합하면 시장에서 수요 곡선이 도출된다.

수요 함수를 도출해 내는 사람의 효용도 시대 상황을 반영한다. 기술이 발전함에 따라 물건의 개수가 많아진다. 그러다보니 하나의 물건을 많이 가지고 있는 것보다 다양한 물건을 골고루 가지고 있는 것을 선호한다는 볼록성의 가정도 들어간다. 또 이해하기 힘든 가정도 있다. 세상에 수많은 물건을 소비자가 모두 우열을 가릴 수 있을지에 대해 의심이 간다. 아울러 과연 아무리 많은 재화를 소비하더라도 더 소비하고 싶은 욕망이 생길 만큼 인간의 욕심이 끝이 없는지에 대해서도 직관적으로 이해하기 어렵다. 이런 점에도 불구하고 소비자의 효용에 대한 가정과 이로부터 도출되는 수요 함수는 경제 이론의 근간을 이룰 만큼 중요한 것으로 자리 잡았다. 가정의 현실성이 떨어진다는 비판도 있지만 이 같은 가정으로 결론에 도달하기까지의 과정이 매우 논리적이고 그것

● 보다 엄밀히 말하면 효용 함수는 특정 소비 간의 비교가 가능한 함수이다. 효용은 숫자로 표시하였을 때 숫자의 비교만 의미가 있을 뿐 숫자의 절댓값은 의미가 없다.

그림 3-6

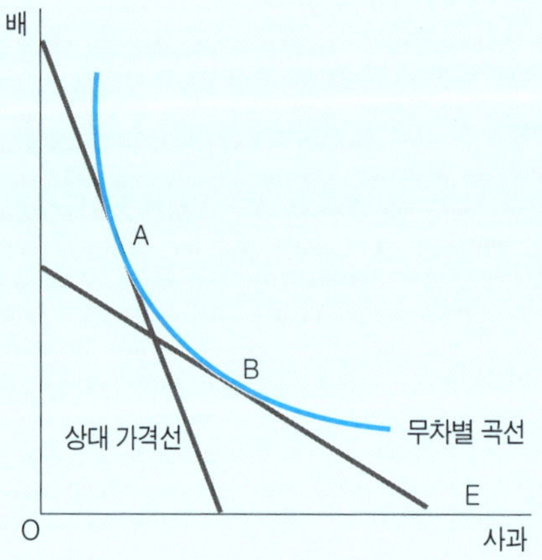

이 내포한 경제적 의미가 상당하기 때문이다. 이런 상황을 그림 3-6을 통해 보여 줄 수 있다.

그림 3-6에서 양 축은 상품 사과와 배의 소비량이다. 볼록한 곡선은 특정한 효용을 누리기 위해 필요한 사과와 배의 조합이다. 경제학적 용어로 '무차별 곡선'이라고 부른다. 소비자는 이 무차별 곡선 어느 점에서 소비해도 같은 효용을 누린다. 예를 들어, 사과 1개와 배 10개를 소비하나 배 10개와 사과 1개를 소비하나 효용은 똑같다는 이야기이다. 그리고 직선의 기울기는 사과와 배의 상대 가격 비율을 나타낸다. 이때 사람들은 상대 가격선과 무차별 곡선이 접하는 점에서 소비를 하려고 한다. 이 기울기가 다르면 비싼 물건을 덜 소비하고 싼 물건을 더 많이 소비해 효용을 더 높일 수 있기 때문이다.

이런 상태에서 배의 가격이 오른다면 직선의 기울기는 한층 더 완만하게 된다. 이때 이 사람은 배의 소비를 줄이고 사과의 소비를 늘리는 방식으로 소비량을 조절한다. 그렇게 되면 더 많은 효용을 누릴 수 있기 때문이다. 이런 모양으로부터 배의 값이 올라가면 배의 수요가 줄어들고 값이 떨어지면 배의 수요가 늘어나는 방식의 수요 곡선이 도출된다.•

이처럼 시장에서의 수요는 사람의 주관적인 선호로부터 나오는 것이다. 4차 산업혁명이 진행된다고 해서 사람들의 선호가 바뀌지는 않는다. 주변 환경이 바뀐다고 해서 사람들의 본성까지 바뀌는 것은 아니기 때문이다. 4차 산업혁명이 발생해도 사람들은 먹을 것은 먹어야 하고 입을 것은 입어야 한다. 보다 좋은 물건을 소비할 수는 있겠지만 소비를 할 때 사람의 선호 체계가 바뀐다고 볼 수는 없다. 이런 점에서 생산물의 가격을 설명할 때 생산물에 대한 수요는 계속 가격에 대해 반비례하는 모양을 띠게 된다고 볼 수 있다.

• 무차별 곡선의 모양에 따라 어떤 경우는 가격이 올랐을 때 소비가 늘어날 수도 있다. 이런 경우가 경제학의 법칙에 위배되는 것은 아니다. 하지만 일반적으로는 가격이 올랐을 때 수요량은 줄어든다.

5

자원 배분 방식의 변화

생산물 시장에서 4차 산업혁명과 직결되는 문제는 생산물의 수요가 아닌 공급이다. 경제에서 수요가 개인들의 선호라는 주관적인 요인에 의해 결정된다면 공급은 객관적인 생산 기술에 의해서 결정된다. 생산 기술은 눈에 보이는 현상이다. 생산 기술이 바뀌면 공급 스케줄도 바뀌게 된다. 공급 스케줄은 4차 산업혁명이 진행되면서 어떻게 바뀔까. 이를 설명하기 위해 생산 방식이 어떻게 바뀌었는지 한 번 살펴볼 필요가 있다.

과거에는 어떤 물건을 만들 때 사람의 노동에 의존하는 경우가 많았다. 뜨개질을 해서 옷을 시장에 내다 팔았던 옛날을 한번 떠올려 보자. 이 사람은 하루에 10벌의 옷을 만들어 시장에 팔았다. 처음 옷을 만들 때는 거뜬하게 만든다. 두 번째 옷을 만들 때는 조금 지루해지면서 옷 만드는 시간이 첫 번째 옷을 만들 때보다 더 늘어난다. 세 번째는 어깨가 뻐근해지면서 두 번째 만들 때보다 힘이 더 든다. 이렇게 하다가 10개째 만들 때는 다리도 쑤시고 눈도 침침해져 옷 만드는 시간이 훨씬 길어진다. 이렇게 사람이 하루 동안 옷을 10벌 만든다고 보면 옷 만드는 양이 늘어날수록 힘이 더 들게 되고 만드는 데 걸리는 시간도 늘어난다. 사람이 일을 할 때 흔히 있는 모습이다.

기술이 발달해 옷을 만드는 재봉틀 같은 기계가 들어왔다. 이때도 재봉틀을 움직이는 사람의 손이 필요하다. 사람이 재봉틀을 가지고 옷을 만들면 종전에 바느질로 옷을 만들 때보다 옷을 만들 수 있는 양은 크게 늘어난다. 이때 생산은 늘어나고 사람들은 종전보다 더 좋은 옷을 더 많이 입을 수 있게 된다. 그렇다고 해도 옷을 만들수록 사람의 피로감이 증가하고 기계는 점점 노후화되는 것을 피할 수 없다. 옷을 하루에 100벌을 만든다고 해도 100벌째 옷을 만들 때는 사람도 피곤해지고 재봉틀도 하루 종일 돌리다보니 기계가 처음 돌아갈 때처럼 빨리 돌아가지 않는다. 이런 기술이 도입되었을 때도 생산을 많이 할수록 추가적으로 생산 활동에 들어가는 비용은 증가한다. 사람의 피곤함은 더해지고 기계도 쓸수록 비용이 많이 들어가는 것은 마찬가지이다.

그런데 4차 산업혁명으로 뜨개질하는 로봇이 하나 개발되었다면 이야기가 달라진다. 로봇은 하루에 전기만 공급해 주면 옷을 100벌 만든다. 그런데 로봇은 사람과 달리 옷을 1벌 더 만든다고 피로감이 높아지는 것은 아니다. 매번 옷을 만들 때마다 비슷하다. 로봇이 옷을 만들 때와 사람이 재봉틀로 옷을 만들 때 비슷한 것 같으면서도 큰 차이가 난다. 옷을 하나 추가로 만드는 데 들어가는 피곤함이나 비용이 어떻게 되느냐에 따라 생산물 시장에서 가격이 형성되는 메커니즘은 완전히 달라진다.

6

가격과 시장의 괴리

시장에서 기업은 가격이 주어지면 자신의 이익이 극대화되는 만큼 물건을 만들어 낸다. 앞 장의 예에서 옷값이 100원이라면 기업이 시장에서 옷을 1벌 팔면 100원을 번다. 옷을 만드는 데 들어가는 비용과 옷값을 비교해서 옷값이 비용보다 비쌀 경우 기업은 옷을 팔면 이윤을 얻기 때문에 옷을 만들어 판다. 하지만 옷값이 비용보다 낮을 때는 이 기업은 물건을 만들어 팔면 손해를 보게 된다. 이때는 굳이 물건을 생산할 필요가 없다.

그런데 한 가지 중요한 점은, 기업은 추가적으로 물건을 만들 때 들어가는 비용인 한계 비용과 가격을 비교해 생산 여부를 결정한다는 것이다. 논리는 이렇다. 옷값이 100원이고 옷 1벌을 만드는 데 50원이 든다면 이 기업은 당연히 옷을 만들어 시장에 팔아 50원의 이윤을 남긴다. 그렇다고 옷 1벌만 파는 것은 아니다. 옷을 2벌 만들 때는 비용이 올라 60원이 든다면 이 기업은 2벌째도 팔아 40원의 이윤을 남길 것이다. 옷 1벌 만들 때 10원씩 비용이 늘어난다면 이 사람은 옷을 6벌째 만들면 비용이 100원이 들고 시장에서 100원을 받을 수 있다. 이 때문에 이 기업은 시장에 옷을 6벌을 내다 팔게 된다. 이때 이 기업이 얻을 수 있는 총이윤은 150원(50+40+30+20+10=150)이 된다.

이처럼 기업은 한계 비용과 가격이 일치할 때까지 물건을 만들어 시장에 판다. 왜냐하면 이때 이 기업의 이윤이 가장 많아지기 때문이다. 여기서 한 가지 주의할 점이 있다. 가격과 한계 비용이 같아지는 점에서 이윤이 극대화된다는 원리는 한계 비용이 올라갈 경우에만 가능하다. 위에서 옷을 만드는 예에서 옷을 하나 더 만들 때 추가적인 비용이 계속 올라갈 경우에는 한계 비용과 가격이 같아지는 점에서 이윤이 극대화된다.

만약 로봇이 옷을 만드는 경우처럼 한계 비용이 일정한 경우에는 어떻게 될까. 로봇이 옷을 만들 때 하나 더 만든다고 해서 피곤함이나 시간이 더 들어가는 것은 아니다. 예를 들어, 옷값이 100원이고 로봇이 옷을 하나 만들 때 들어가는 비용이 80원이라고 하면 이 기업은 옷을 무한히 많이 만들 것이다. 옷값이 100원이면 이 기업은 옷을 계속 만들어도 1벌당 20원의 이윤을 올릴 수 있다고 생각할 것이기 때문이다. 경쟁 시장에서 기업들은 시장 전체의 수요를 예측하고 물건을 만드는 것이 아니고 오직 가격만 보고 물건을 만들게 된다. 만약 옷값이 60원으로 떨어진다면 이 기업은 옷을 만들수록 손해이기 때문에 생산을 중단할 것이다. 이처럼 4차 산업혁명으로 기술이 발전할수록 생산의 변동성은 커진다. 물건을 아주 많이 생산하든지 아니면 생산을 중단하든지 둘 중의 하나를 선택할 가능성이 높다. 둘 다 경제적으로는 문제이다. 가격의 신호를 보고 생산을 많이 한다고 해서 이 물건이 다 팔릴 것이라는 보장은 없다. 가격 신호가 수요와 공급을 일치시키는 기능을 하지 못하기 때문이다.

생산물뿐만 아니라 서비스의 경우에도 시장에서 수요와 공급이 자동적으로 일치하지 않게 된다. 지난 2016년에 있었던 알파고와 이세돌 9단의 바둑 경기가 이를 잘 보여 준다. 2016년 3월 구글이 만든 알파고라는 인공 지능이 우리

나라 바둑의 최고수인 이세돌 9단을 꺾으면서 많은 사람들이 놀랐다. 인공 지능발 산업혁명이 현실화되고 있는 것을 직접 눈으로 체험하였기 때문이다. 다른 동물과 차별화되는 인간의 특징은 두뇌가 발달하였다는 점이다. 그런데 가장 고도의 두뇌 게임인 바둑에서 인공 지능이 인간 최고수를 꺾음으로써 만만치 않은 파장을 일으켰다. 이에 사람들이 느낀 허탈감과 위기감이 커졌다. 과학 기술의 발달이 어디까지 진행될 것인가에 대한 질문과 함께 이런 변화를 인간이 감당할 수 있을지에 대한 의문도 제기되었다. 사람들이 느낀 이런 충격과 별도로 경제 내에서 자원 배분 기능도 심각한 타격을 입게 되었다.

바둑을 두는 것도 사람들에게 하나의 서비스를 공급하는 것이다. 사람들은 바둑 기사들의 바둑을 보면서 즐거워한다. 바둑 기사들은 바둑을 두는 서비스를 대중들에게 제공하고 이에 따른 대가를 받는 직업이다. 이세돌 기사의 경우 첫 번째 판을 둘 때의 피로감과 두 번째 판을 둘 때의 피로감은 천지 차이이다. 바둑을 두어 본 사람이라면 누구나 이해할 수 있을 것이다. 이런 경우 바둑 서비스를 제공하는 것에 대한 한계 비용은 올라가는 것이 일반적이다. 한계 비용이 이처럼 올라가는 상황에서는 이세돌 9단의 바둑 서비스에 대해 지불하는 가격이 이 9단의 한계 비용과 같아지는 점에서 이세돌 9단의 이윤은 극대화된다. 앞에서 옷을 만들어 시장에 파는 경우와 비슷하다.

그런데 알파고의 바둑이 이세돌 9단의 실력을 능가해 알파고의 바둑 서비스가 이세돌 9단의 바둑 서비스를 밀어내는 경우를 상정해 보자. 앞으로는 알파고가 바둑 서비스를 제공하고 사람들은 이를 향유하는 시대가 올 수도 있다. 그런데 알파고는 사람이 아닌 일종의 알고리즘이다. 알파고는 바둑을 두 번째 둘 때 첫 번째보다 피로감을 더 느끼지 않는다. 오히려 두 번째 바둑을 둘 때의 피로감이 첫 번째 바둑을 둘 때보다 작을 수도 있다.

바둑을 하루에 10판 둔다고 해서 알파고의 피로감은 커지지 않는다. 사람과 근본적으로 다른 점이 이것이다. 한번 인공 지능을 만들어 놓으면 추가적인 비용이 없어도 동일한 바둑 서비스를 계속 제공할 수 있다. 이 경우 알파고가 바둑 서비스를 한 번 더 제공하는 데 들어가는 한계 비용은 일정하다.

물론 알파고를 처음 만드는 데 많은 비용이 들어갔을 것이다. 그렇다고 상황이 달라지지 않는다. 그런데 기업의 의사 결정을 하는 기준은 총비용이 아닌 한계 비용이다. 한계 비용이 증가하지 않는다면 알파고를 만든 사람 입장에서는 바둑 서비스에 대한 가격이 어떻게 책정되는 게 유리할까. 한계 비용이 올라가지 않는다면 가격과 한계 비용이 같아지는 점이 무수히 많거나 아예 만나지 않을 수도 있다.

그림 3-7은 완전 경쟁 시장에서 가격과 한계 비용 간의 관계를 보여 준다. 가격이 P로 주어졌을 때 기업의 한계 비용이 어떤 모양인지에 따라서 시장 균형이 어떻게 변하는지를 나타낸다. 우선 한계 비용 곡선이 오른쪽으로 올라가는 모양일 때는 기업의 이윤을 최대로 만들어 주는 생산량은 가격과 한계 비용 곡선이 만나는 점에서 형성된다. 이때 한계 비용 곡선은 기업이 시장에 물건을 내놓는 양을 표시하는 공급 곡선으로서 역할을 하게 된다. 균형 수량보다 적게 물건을 생산할 때는 물건을 한 단위 추가로 생산할 때 들어가는 비용이 가격보다 낮고, 균형 수량을 넘는 양을 생산하면 물건을 하나 더 만들 때 들어가는 비용이 가격보다 높다. 그렇기 때문에 가격과 한계 비용 곡선이 만나는 점에서 수량이 결정되고 이때 기업의 이윤은 극대화된다.

그런데 알파고의 사례처럼 인공 지능이 물건을 생산할 때 한계 비용은 항

그림 3-7

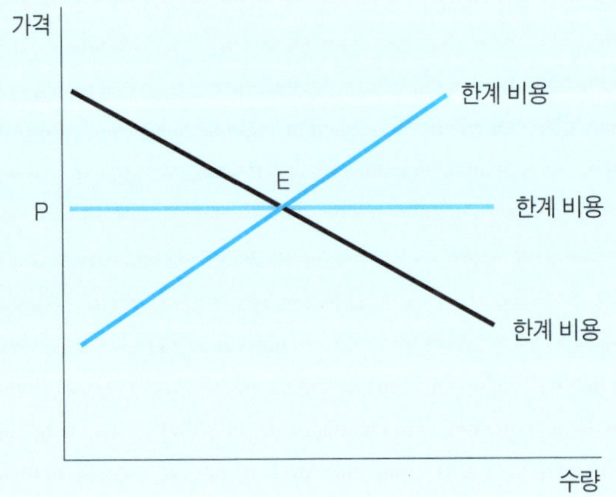

상 일정할 수 있다. 이때는 조금 상황이 달라진다. 만약 한계 비용이 P보다 작다면 이 기업은 물건을 무한정 생산할수록 이익이다. 물건을 아무리 많이 만들어도 한계 비용이 가격보다 낮기 때문이다.

알파고의 경우 바둑을 한 판 둘 때 받을 수 있는 가격이 100이고, 알파고가 바둑을 한 번 두게 하는 데 들어가는 비용이 70이라면 알파고는 하루 종일 바둑을 두어서 서비스를 제공하면 알파고를 갖고 있는 기업은 매번 30만큼의 이윤을 받을 수 있다. 그렇게 되면 알파고는 하루도 쉬지 않고 매일 작동을 해야 할 것이다. 반면, 한계 비용이 가격 P보다 높은 곳에서 출발한다면 알파고가 한 번 바둑을 둘 때마다 얼마씩 손해를 입는다. 이 경우 알파고는 바둑 서비스를 제공하지 않을 것이다.

마지막은 서비스를 제공할수록 한계 비용이 줄어드는 경우이다. 사람이 일을 한다면 이 경우는 가정하기가 쉽지 않아 현실성이 떨어진다. 어느 사람도 쉬지 않고 일만 하는 데 피로감이 갈수록 밀려오지 않는 경우는 없다. 그런데 알파고와 같은 인공 지능이 일을 한다면 가능한 일일 수도 있다.

요즘은 '머신 러닝'(machine learning)이라는 기술이 개발되면서 기계가 스스로 반복 학습을 통해 지능을 높여 가는 일도 있다. 머신 러닝은 인공 지능의 한 분야로 컴퓨터가 스스로 학습할 수 있도록 만드는 알고리즘을 개발하는 분야이다. 알파고도 머신 러닝의 한 분야인 '딥 러닝'(deep learning) 기법을 통해 바둑 실력을 계속 늘려 가고 있다.

알파고는 이세돌 9단을 꺾은 지 1년여 만에 다시 중국의 최고 바둑 기사인 커제를 꺾어 화제가 되었었다. 이처럼 알파고의 성능이 계속 올라간다면 바둑 서비스를 추가적으로 제공하는 데 들어가는 한계 비용도 작아질 수 있다. 이런 경우가 그림 3-7에서 한계 비용이 갈수록 줄어드는 형태로 나타난다. 이 경우 만약 처음 출발하는 한계 비용이 가격 P보다 높았다면 필연적으로 가격과 한계 비용이 만나는 점(E)이 발생한다.

그럼 이 점은 이윤을 최대화하는 점일까. 그렇지 않다. 가격과 한계 비용이 만나는 점에서 알파고가 바둑을 한 판 더 두면 한계 비용은 가격보다 작아진다. 여기서 바둑을 한 판 더 둔다면 한계 비용과 가격 간의 차이는 더욱 커져 이윤은 더 많아진다. 결국 가격과 한계 비용이 만나는 점은 이윤을 극대화하는 것이 아니라 극소화하는 점이 된다. 이처럼 생산량을 늘릴 때마다 한계 비용이 작아지는 경우는 생산량을 늘릴수록 이윤이 늘어난다. 이 때문에 가격이 주어지면 생산자는 최대한 많은 서비스를 공급하려고 할 것이다.

현실적으로 알파고와 같은 인공 지능이 재화와 서비스를 제공하게 된다면 한계 비용이 갈수록 낮아지는 경우가 일반화될 수도 있다. 문제는 이런 경우 가격에 따라 수요, 공급이 탄력적으로 움직이는 시장 메커니즘이 제대로 작동할 수 없다는 점이다. 한계 비용이 위로 올라가는 경우에는 시장 가격과 한계 비용이 만나는 점에서 생산은 중단된다. 이 때문에 시장에서 형성되는 가격을 내고 물건을 사고자 하는 사람들에게 재화가 배분되고 가격 시스템은 상당히 안정적으로 작동한다.

하지만 한계 비용이 내려가는 경우에는 생산자들이 계속 물건을 시장에 내놓을 것이다. 이 경우 가격은 유지될 수 없다. 처음에 형성된 가격은 시장에서 물건이 넘쳐나면서 계속 내려갈 가능성이 높다. 한계 비용이 줄어드는 속도가 빠르다면 가격이 떨어지는 속도도 빨라질 것이다. 그렇다면 가격은 0원에 매우 가까운 부분에서 결정된다. 가격이 0보다 조금이라도 높으면 기업은 더욱 많이 생산해서 한계 비용을 낮추려 할 것이기 때문이다.

그럼 가격이 0원이 될 수 있을까. 그렇지 않다. 가격이 0원이 되면 기업 입장에서는 재화나 서비스를 생산할 유인이 없다. 물건을 생산해도 가격이 0원이면 총매출도 0원이 된다. 그럼 가격이 0원보다 약간 높으면 어떻게 될까. 한계 비용이 이 가격보다 조금만 낮으면 이 기업은 물건을 생산해서 매우 많은 양을 팔 수 있다. 이 경우 매출과 이익은 급성장한다.

이처럼 한계 비용이 일정하거나 낮아지는 경우에는 한번 생산을 시작하면 모든 사람의 수요를 충족시켜 줄 수 있을 만큼 많은 물건을 생산해 내는 경향이 있다. 가격을 통해 살 수 있는 사람과 그렇지 못한 사람을 정하는 결핍의 시대에서 모든 사람의 요구를 충족시켜 주는 풍요의 시대로 전환하는 것이다.

이처럼 인공 지능이 공급할 수 있는 재화나 용역은 가격이 거의 0원인 상태에서 모든 사람들의 수요를 충족시켜 줄 수 있다. 이 경우 가격이 떨어지면 공급은 줄어들고 수요는 늘어나 균형 가격으로 복귀하는 메커니즘이 존재하지 않는다. 심하게 이야기하자면 인공 지능이 공급하는 재화와 서비스는 사실상 거의 공짜에 가깝게 된다. 기존의 가격 메커니즘으로는 자원 배분을 하기가 어려운 상황이 된 것이다.

반면 인공 지능이 아무리 판을 쳐도 사람의 노동이 들어가야 공급되는 물건이나 서비스도 있다. 예를 들면, 와인 맛을 감별하는 소믈리에, 영화감독, 미술가, 개그맨 등은 인공 지능이 대체하기 매우 어려운 직업으로 꼽힌다. 사람의 노동이 반드시 들어가야 하는 미술 작품의 가격은 기존의 수요, 공급의 이론으로 설명이 되고 가격도 상당히 높은 수준에서 책정될 가능성이 높다.• 물건을 반복적으로 생산할 경우 사람의 피로도가 누적되고 이 경우 한계 비용도 점점 증가하기 때문이다.

이 경우 사람의 노동이 들어가 만들어 내는 재화와 서비스와 인공 지능이 만들어 내는 물건 간의 가격 차이는 점점 더 벌어진다. 사람이 만드는 것은 요즘 세간의 명품과 같은 대접을 받게 된다는 이야기이다. 기계가 만드는 물건은 거의 공짜가 되는 반면 사람이 만드는 물건은 가격이 상당히 높아진다. 물건이나 서비스 값의 양극화는 심화된다.

이 경우 시장의 기능은 과거와는 완전히 달라진다. 시장에서 균형 가격이 결정되는 메커니즘은 작동하지 않는다. 시장 가격 결정 방식의 붕괴, 이것이

• 2018년에는 수십 년 경력의 소믈리에보다 더 예리한 후각을 지닌 로봇이나 고흐의 화풍을 스스로 발전시키는 로봇이 나오기도 하였다. 이처럼 사람의 능력을 대체하는 로봇들은 계속 나올 것이다. 이 경우 사람들의 노동이 반드시 투입되어야 하는 물건들은 갈수록 줄어들게 된다.

인공 지능이 가져올 중요한 변화이다. 종전 경제 이론은 수명을 다한 반면 인공 지능으로 인한 변화를 설명할 수 있는 새로운 경제 이론은 나타나지 않았다. 4차 산업혁명으로 인한 변화가 기존 시장 경제 시스템을 위협할 수 있게 되는 이유이다.

7

확산되는 규모의 경제

자본주의 시장 경제 이론이 태동할 당시인 1800년대는 물건이 부족한 시대였다. 이때 만들어진 경제 이론의 가장 기본적인 원리 중의 하나가 '희소성의 원리'이다. 사람들의 욕망에 비해 자원은 항상 부족하다는 전제를 깔고 있다. 그런데 어느 순간부터 경제 내에서 부족함보다는 넘치는 것이 문제가 되기 시작하였다. 물건이 부족할 때는 가격 메커니즘에 따라 자원을 분배하면 된다. 기존 경제 이론은 이 부분을 너무도 정치하게 잘 설명하고 있다.

하지만 물건이 넘칠 때는 어떻게 배분해야 할까. 이런 경우에 대한 문제가 불거지기 시작한 것은 '규모의 경제'라는 개념이 나오면서부터이다. 규모의 경제란 생산 규모를 동일하게 2배 증가시켰을 때 산출량이 2배 이상 나오는 경우를 말한다.

최초의 규모의 경제는 애덤 스미스가 분업을 통해 설명하였다. 한 사람이 하루 종일 핀을 만들 때는 하루에 하나를 만들기도 쉽지 않지만 핀의 공정을 구분해 10명이 분업을 통해 만들 때는 하루에 4만 8,000개까지 핀을 만들 수 있다고 예를 들어 설명하였다. 사람과 핀에 들어가는 재료를 10배로 늘렸는데 핀의 생산 개수는 4만 8,000배까지 늘어나는 이런 현상을 규모의 경제라고 부른다.

기업들이 공장을 2개, 3개 늘릴 때 그 생산량이 2배, 3배보다 더 많이 늘어나는 현상도 마찬가지로 규모의 경제이다. 현실 경제에서 규모의 경제가 발생한다면 이 기업이 생산하는 생산물의 평균 비용은 규모를 늘릴수록 줄어든다. 공장 1개를 짓는 데 1억 원이 들어가고 여기서 100개의 물건을 만든다면 물건 1개당 평균 비용은 100만 원이다. 그런데 공장 2개를 지어 250개의 물건을 생산하는 규모의 경제가 존재한다면 공장 2개를 지을 때 평균 비용은 80만 원으로 줄어든다. 이 경우 추가적으로 1개의 물건을 만들 때 들어가는 한계 비용도 감소하는 것이 일반적이다.

제조업체의 경우 일반적으로 규모를 일정 부분까지 늘릴 때는 규모의 경제가 발생하지만 생산 규모가 이 수준을 넘어서면 규모의 불경제, 즉 물건을 만들 때 평균 비용과 한계 비용이 늘어나는 기술을 갖는 경우가 일반적이다. 처음에 공장을 만들고 기계를 들여오면 생산이 빠른 속도로 증가하다가 생산량이 일정 부분을 넘어서면 다시 생산 증가 속도가 감소하고 비용이 늘어나는 경우가 많기 때문이다. 이럴 때 평균 비용 곡선이 'U'자 형태를 보이게 된다. 시장의 수요에 따라 다르겠지만 일반적으로 시장에서 형성되는 균형 가격은 규모의 불경제가 일어나는 부분, 즉 한계 비용과 평균 비용이 올라가는 구간에서 만들어진다.

그런데 4차 산업혁명으로 규모의 경제가 생산량이 늘어나도 계속될 가능성이 커졌다. 생산량이 늘어나더라도 규모의 경제가 계속되는 생산 기술의 도입이 늘어나고 있기 때문이다. 인공 지능이 인간 노동을 대체할수록 물건을 많이 만들어 내고 비용을 줄일 수 있다. 애덤 스미스의 예처럼 소수의 사람이 핀

그림 3-8

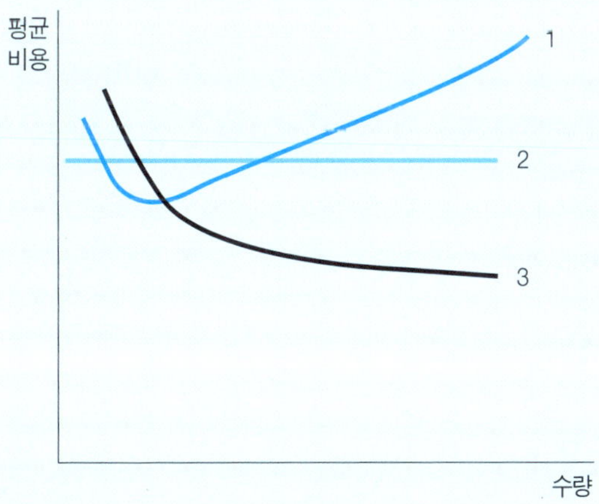

을 만든다면 처음에는 규모의 경제가 발생하지만 물건의 양이 일정 수준을 넘어서면 생산성이 줄어드는 규모의 불경제가 발생한다. 반면 로봇이 핀을 만든다면 전기가 계속 공급되는 한 생산성이 줄어들지 않는다. 로봇이 피로감을 느끼지는 않기 때문이다.

생산 설비도 자동화되면서 설비를 늘릴수록 단위당 들어가는 비용은 줄어든다. 자본이 노동을 대체할수록 규모의 경제가 발생할 가능성이 높다. 그림 3-8에서 곡선 1은 물건 1단위당 들어가는 평균 비용이 처음에는 줄어들다가 다시 올라가는 전형적인 경우를 나타낸다. 곡선 3은 물건 생산이 늘어날수록 평균 비용이 줄어드는 규모의 경제가 발생하는 경우이다. 곡선 2는 물건의 생산량과 관계없이 평균 비용이 일정한 경우이다. 시장에서 수요와 공급이 만나 가격과 수량이 결정된다고 하는 수요-공급 이론은 평균 비용이 올라가는 구간,

즉 곡선 1의 경우에 국한된다. 두 번째와 세 번째처럼 규모의 경제가 발생하는 경우에는 시장의 균형 가격 메커니즘을 설명하기 어려워진다.

규모의 경제가 발생하면 시장에서 어떤 일이 벌어질까. 기업들이 가격을 주어진 것으로 받아들일 경우 생산량을 무한히 늘린다. 앞에서 설명한 것처럼 생산량을 늘릴수록 이익이 커지기 때문이다. 유사한 생산 기술을 가지고 있는 다른 기업들도 마찬가지로 생산량을 계속 늘릴 것이다. 기업 간에 생산량 늘리기 경쟁이 본격화되면 시장에서의 가격은 점점 낮아질 수밖에 없다. 기업끼리 서로 가격 낮추기 경쟁도 본격적으로 벌일 것이다. 그러다가 경쟁에서 도태된 기업들은 시장에서 퇴출된다. 나중에 가서는 하나의 물건당 하나의 기업만 살아남게 된다. 처음에는 경쟁 시장으로 출발하였지만 규모의 경제가 있는 경우 시장은 결국 독점화된다.

시장이 독점화되면 경쟁 시장과는 다른 논리가 적용된다. 독점이 형성되는 과정에서 기업들은 물건값을 낮추는 경쟁을 한다. 한계 비용과 평균 비용이 점점 줄어들기 때문에 기업들이 물건값을 낮출 여지는 있다. 소비자들은 낮은 가격에 물건을 살 수 있어 이익을 보는 측면이 있다. 이렇게 서로 경쟁을 하다가 한 기업이 승자가 된다. 이때부터 이 기업은 독점 기업으로 활동한다. 독점 기업은 시장 가격을 주어진 것으로 보고 행동하지 않고 시장의 수요를 감안해 자신이 임의로 가격을 책정해 이윤을 올린다.

이때 물건값은 더 이상 낮아지지 않는다. 독점 기업은 자신의 비용보다 훨씬 높은 가격을 책정해 이윤을 올리고 소비자들은 시장에서의 경쟁 균형 가격보다 높은 값을 지불해야 한다. 소비자들로부터 높은 가격을 받기 위해서 독점 기업들은 생산량을 통제한다. 이 때문에 독점 체제 아래서는 사회적으로 필요한 생산량보다 항상 적은 양이 생산된다. 사회적으로 필요한 생산량을 모두 생산하면 이익이 그만큼 줄어들기 때문이다.

사회적으로 기업의 횡포가 커지고 효율성도 떨어지는 독점적인 생산 방식이 유행하게 된다. 규모의 경제가 존재한다고 하면 시장에서 가격 메커니즘에 따라 자원이 배분되지도 않고 이로 인해 야기되는 독점 때문에 사회는 또한 차례 비용을 지불해야 한다. 규모의 경제가 야기하는 독점이 유행하는 문제도 4차 산업혁명으로 인해 치러야 할 대가이다. 경쟁 메커니즘이 작동할 때 발생하는 효율성을 담보할 수 없기 때문이다.

4차 산업혁명 시대에는 끊임없이 독점이 생겨나는 시대이다. 인터넷 검색 사이트는 구글이라는 회사가 글로벌 시장을 독점하고 있다. 소셜 네트워크 서비스(SNS) 기업은 페이스북이라는 회사가 글로벌 시장의 대부분을 점유하고 있다. 인터넷 서점으로 출발하였던 아마존은 이제 모든 영역에서 독점적 지위를 누리면서 승승장구하고 있다. 독점화된 기업은 경제뿐만 아니라 정치, 사회적 측면에서도 막대한 영향력을 행사한다. 독점 기업이 유행하면서 경제, 사회적 양극화가 심화되는 현상도 4차 산업혁명에서 불가피하게 발생한다.

8

경매인이 사라진다

4차 산업혁명이 본격화되면 균형 가격이 결정되는 메커니즘도 달라진다. 기존 시장 경제 이론에서 균형 가격의 결정을 설명하기 위해서는 경매인이 필요하다. 프랑스 경제학자 레옹 발라는 경매인을 통해 시장에서 가격이 결정되는 메커니즘을 설명하였다. 실제 경매인이 존재하는 것은 아니고 개념상으로 존재한다는 의미이다. 경매인은 완전 경쟁 시장에서 균형 가격을 만들어 주는 역할을 하는 가상의 인물이다. 완전 경쟁 시장이란 모든 사람이 별다른 제한 없이 시장에 참여할 수 있고 시장의 정보가 모든 사람에게 전달되는 시장이다. 완전 경쟁 시장이 되기 위한 조건이 몇 가지 있다.

우선 충분히 많은 수요자와 공급자가 있어 가격을 특정인이 좌지우지할 수 없고 모두가 가격이 주어졌다고 생각하고 행동한다. 자신이 가격을 만들겠다고 생각하는 기업이나 사람이 없다는 의미이다.• 다음은 동질적 재화이다. 시장에서 거래되는 물건들 사이에는 차별이 없는 같은 물건들이다. 아울러 언제라도 원할 때 시장에 진입할 수 있고, 또 나갈 수도 있다.

• 독점 시장은 가격을 만드는 주체가 독점 기업이다. 이 가정은 독점이 아니라는 것을 내포한다.

이와 함께 가격, 효용 수준, 생산 방법 등의 모든 정보가 모든 시장 참가자들에게 공개되어 있다. 정보의 불균형이 없는 상태이다. 또 거래에 드는 비용이 없다는 가정도 포함되고 자신의 행위가 남에게 영향을 미치지 않는다는 가정도 들어간다. 이런 상태에서 개인들이 시장에서 물건을 사고팔 수 있도록 경매인은 역할을 한다.

경매인이 작동하는 구체적인 방식은 이렇다. 시장에 있는 경매인이 특정 가격을 부르면 이 가격에 물건을 팔겠다는 사람이 얼마만큼을 팔 것인지 경매인에게 알려 준다. 반대로 물건을 사겠다는 사람도 그들이 사고 싶은 양을 경매인에게 이야기한다. 만약 파는 물건보다 사는 물건의 양이 많다면 경매인은 가격을 다시 높게 부른다. 그러면 물건을 사겠다는 사람은 줄어들고 팔겠다는 사람은 늘어난다. 이렇게 해서 또 사는 수량과 파는 수량이 일치하는지 살펴보고 일치하지 않을 경우 새로운 가격을 부른다. 이런 과정이 계속 반복되면 결국 사는 양과 파는 양이 일치하는 균형 가격이 달성된다.

경매인이 존재하면 시장에서는 하나의 물건당 하나의 가격이 형성된다.• 그리고 이 가격에서 수요량과 공급량이 일치하게 된다. 시장 참여자들이 느끼는 주관적인 가격이 어떻든지 시장에 있는 사람들은 경매인이 정한 값에 거래를 한다. 시장에서 사과값이 100원에 형성되었다고 해서 내가 주관적으로 느끼는 사과값이 100원일 필요는 없다. 자신이 주관적으로 느끼는 사과값이 200원인 사람도 시장에서 균형 가격이 100원으로 결정되면 100원만 내고 사과를 살 수 있다. 물건을 파는 사람도 마찬가지이다. 자기가 만든 물건의 원가가 50

• 경제학에서는 이를 '일물일가의 법칙'이라고도 한다.

원이라고 해도 시장에서 균형 가격이 100원으로 결정되면 100원에 물건을 팔고 50원만큼 이익을 올린다.

그런데 4차 산업혁명이 발달하고 모든 사람들이 인터넷을 통해 연결되는 사회에서는 이런 경매인을 통해 집단적으로 시장에 참여하고 거기서 결정된 균형 가격에 의해 거래를 하는 거래 방식은 점차 줄어든다. 같은 종류의 물건이 시장에서 모두 모여 거래되는 것이 아니라 개인 간 직접 거래를 통해 물건을 사고파는 경우가 늘어나고 있다. 인터넷 공간에서 개인과 개인을 직접 이어주는 직거래가 갈수록 많아지고 있다. 일부 사이트에서는 1사람이 경매를 통해 물건을 팔기도 한다. 1명의 개인이 여러 명의 소비자로부터 가격을 받아 그중 가장 높은 가격을 써낸 사람에게 판매하는 방식이다.

경매인을 통한 거래와 직거래는 큰 차이가 있다. 경매인을 통한 거래에서는 이익을 보는 소비자와 생산자가 생겨난다. 예를 들어, 사과값이 100원에 형성되었다면 이 사과를 50원에 재배할 수 있는 생산자는 50원만큼 이익을 볼 것이다. 또 사과로부터의 효용이 200원인 사람은 사과를 소비함으로써 100원만큼 이익을 본다. 사과 1개로부터 개인들이 느끼는 효용은 제각각이고 사과 1개를 생산하는 데 들어가는 비용도 생산자마다 다르다. 어찌되었건 사과의 균형 가격이 100원으로 형성되면 이익을 얻는 소비자와 생산자가 반드시 생겨난다.

사과 만드는 데 100원이 안 들어가는 사람도 100원을 받을 수 있어 이익이다. 사과 소비로 100원 이상의 효용을 얻는 사람은 100원만 내면 되기 때문에 마찬가지로 이익이다. 시장은 하나의 물건에 하나의 값을 매기기 때문에 많은 사람에게 이익을 줄 수 있다.

그런데 개인들이 모이는 인터넷 공간에서 거래가 이루어진다면 이야기는 달라진다. 내가 사과 1개를 통해 얻는 효용이 200이라고 가정하자. 그러면 사과를 1개 만드는 데 200의 비용이 들어가는 사람이 사과를 만들어 나한테 팔 수 있다.[•] 개인과 개인 간의 거래가 이루어질 수 있기 때문이다.

사과 1개를 통해 190만큼의 효용을 얻는 사람은 사과 1개를 만들 때 190만큼 비용이 들어가는 사람과 교환을 할 수 있다. 경매인이 있을 경우에는 이런 거래가 일어나지 않는다. 가격을 200만큼 부르면 수요와 공급이 맞지 않기 때문에 균형 가격이 형성되지 않고 교환은 이루어지지 않기 때문이다.

4차 산업혁명을 통해 형성되는 초연결 사회[••]에서는 시장을 통한 거래가 아닌 개인 간 거래가 점점 많아진다. 필요한 사람이 자신이 지불하고자 하는 가격만큼 돈을 내고 물건을 가져간다는 점에서 효율적인 자원 배분이라고 볼 수 있다. 다만 이런 방식으로 거래가 이루어진다면 소비자와 생산자의 파워에 따라 자원 배분의 이익이 집중된다. 생산자의 파워가 셀 때는 생산자가 이익을 가져가고, 소비자가 파워가 더 셀 때는 소비자가 이익을 독점한다.

생산자의 파워가 셀 때는 소비자가 내고자 하는 가격별로 물건을 팔 수 있어 종전보다 훨씬 더 큰 이익을 올릴 수 있다. 예를 들어, 빵을 만들어 파는 사람이 빵을 10개 만들어 파는 경우를 생각해 보자. 빵을 먹고 싶어하는 사람 3명이 각각 빵을 사기 위해 내려고 하는 금액이 다를 수 있다. 배가 고프고 빵을 좋아하는 A는 100원을 낼 용의가 있고, B는 70원, C는 50원을 내고자 하는 용의가 있다. 이때 빵을 만든 사람은 A에게는 100원에 팔고, B에게는 70원, C에게는 50원을 받고 빵을 팔 수 있다. 그러면 생산자는 가장 많은 돈을 벌 수 있다. 시장

• 물론 사과 만드는 데 100원만 들어가는 사람도 사과를 200원에 팔아 100원의 이익을 볼 수 있다.

•• 모든 개인이 인터넷과 소셜 네트워크(SNS) 등을 통해 촘촘하게 연결되어 있는 사회를 초연결 사회라고 부른다.

경제 균형에서는 빵을 만든 사람은 수요와 공급이 일치하는 점에서 형성되는 균형 가격에 맞추어서만 빵을 팔 수 있지만, 개인 간 거래가 허용된다면 각기 다른 값에 빵을 팔아 이익을 더 올릴 수 있게 된다. 마찬가지로 소비자의 파워가 상대적으로 더 클 때는 소비자들이 생산성이 높은 기업 순으로 물건을 생산하도록 만들고 가격이 낮은 순으로 물건을 살 수 있다. 이처럼 사회 내에서 생산자와 소비자 간의 역학 관계에 따라 서로가 올리는 이익 규모가 달라진다.

경매인의 매개로 형성되는 균형 가격에서 거래가 이루어질 경우에는 거래를 통한 이익이 다양한 소비자와 다양한 생산자에게 배분되는 경향이 있다. 균형 가격보다 낮은 가격에서 물건을 소비하는 여러 생산자나 균형 가격보다 더 많은 효용을 누리는 소비자들은 이익을 보게 된다. 하지만 인터넷과 각종 플랫폼을 통한 개인 간 거래가 가능해진다면 생산자와 소비자 간의 상대적인 역관계에 따라 거래의 이익을 일부 생산자가 가지거나 일부 소비자가 모두 가지게 되는 구조가 형성될 수 있다. 이런 현상이 만연해지면 경제 내에서 빈부 격차는 더 커지게 된다. 4차 산업혁명기에 사람들 간의 소득 격차가 커지는 이유를 이 같은 시장 구조에 의해서도 설명할 수 있다. 일반적으로 자본주의 사회에서는 기업의 힘이 소비자의 힘보다 더 센 것이 일반적이다. 기업이 가격을 차별화해서 소비자에게 판매할 수 있다면 거래에 따른 이익을 기업이 모두 가져갈 수 있다. 이 경우 사회에서 빈부 격차는 더욱 커진다. 승자가 독식하는 구조가 더욱 고착화되고 양극화가 심해지는 것이다.

9

시장 가격 시스템의 붕괴

시장 경제에서 균형 가격이 존재한다는 것은 자원 배분의 의미와 함께 이런 자원 배분이 경제적으로 효율적인 배분이라고 하는 이데올로기적인 의미도 있다. 시장 경제의 효율성은 시장에 의한 자원 배분이 다른 어떤 자원 배분 방식보다 우월하다는 근거로 제시되었다. 효율성에 대한 개념은 여러 가지가 있지만 시장 가격이 달성하는 효율성은 '파레토 효율성'이다.

시장 경제 이론에서 가장 중요한 정리 중의 하나가 후생경제학 제1정리이다. 이 정리는 "시장에서 균형 가격을 통해 형성된 자원 배분은 파레토 효율성을 갖는다."이다.• 이것은 시장 경제에 따른 자원 배분만큼 효율성을 담보할 수 있는 자원 배분 방식은 없다는 뜻으로도 해석된다. 즉, 자원 배분 방식 중 효율성이 가장 뛰어난 것이 시장 경제에서 가격 메커니즘에 따른 자원 배분이라는 의미이다.

파레토 효율성이란 경제에 존재하는 여러 사람 중 한 사람 이상의 효용을

• 보다 정확히 말하면, 개인들의 선호가 강단조성을 갖고 외부성이 존재하지 않을 때 시장 경제의 균형 가격에 따른 배분은 파레토 효율성을 갖는다는 것이다. 강단조성은 보다 많은 것을 소비할수록 효용이 높아진다는 것이고, 외부성은 나의 효용은 내가 소비하는 것에 의해서만 결정된다는 가정이다.

줄이지 않고 다른 사람의 효용을 늘릴 수 없는 상태를 말한다. 예를 들어, 경제 내에 사과 10개가 있는데 3명이 3개씩 소비하고 있다면 이는 파레토 효율적이지 않다. 남는 사과 하나를 누군가에게 주면 그의 효용은 늘어나지만 다른 사람의 효용은 줄어들지 않기 때문이다. 하지만 시장에 있는 사과를 1개, 1개, 8개와 같이 소비하고 있다면 이는 파레토 효율적인 자원 배분이다. 여기서 분배를 어떤 식으로 달리해도 누군가는 손해를 보게 된다. 사과를 3개, 3개, 4개로 배분하면 세 번째 사람의 소비량은 8개에서 4개로 줄어든다. 이 경우 세 사람 누군가의 효용을 줄이지 않고 자원을 다시 배분할 수 있는 방법은 없다. 생산에 있어서도 마찬가지이다. 한 기업이 생산할 수 있는 물건의 양이 100개인데 90개만 생산하고 있다면 파레토 효율적이지 않다. 유휴 설비를 활용해 10개를 추가로 생산할 수 있기 때문이다. 파레토 효율성의 개념에서 분배 방식은 일단 배제된다.

사과를 1개, 1개, 8개로 나눌 때 얼핏 보기에는 경제 내에 사과가 10개 있는데 1사람이 8개를 갖는다는 것은 문제가 있다고 생각할 수도 있다. 1사람이 사과 8개를 다 먹기가 쉽지 않은 만큼 이 사람의 사과 한두 개를 가져와서 사과 1개씩만 소비하는 사람을 도와주면 어떨까 하는 생각을 할 수도 있다. 하지만 시장 경제에서 이야기하는 파레토 효율성은 이 부분에 대한 답을 제시하지 않고 있다. 오히려 분배가 치우치는 현상은 효율성을 높이기 위해서는 어느 정도 불가피하다고 보는 측면도 있다. 이런 생각을 하게 만드는 것이 앞에서 설명하였던 불포화성(non-satiation)• 의 가정이다.

• 불포화성은 앞에 이야기하였던 강단조성과 밀접한 관련이 있다.

불포화성이란 어떤 사람이 사과 8개가 아닌 80개를 소비하더라도 그것보다 더 선호하는 소비점은 항상 존재한다는 가정이다. 사과 80개를 소비하고자 하는 사람이 81개를 소비한다면 더 좋아할 것이라는 이야기이다. "쌀 999석을 가진 사람이 1,000석꾼이 되려고 욕심을 부린다."는 우리 속담과 비슷하다. 실제 시장 경제의 논리를 빌려 온다면 어떤 사람이 쌀이 1,000석이건, 10,000석이건 소유한다고 해도 더 갖고 싶어할 수 있다는 이야기이다. '인간의 욕심은 끝이 없다'는 것을 경제학적인 용어로 표현한 것이 '불포화성'이라고 할 수 있다.

파레토 효율성의 개념을 활용하면 "시장 가격을 통한 배분이 파레토 효율성을 담보한다."는 경제학의 가장 중요한 정리를 설명할 수 있다. 애덤 스미스가 말한 '보이지 않는 손'을 보여 준 것도 후생경제학 제1정리이다.• 이 정리는 애덤 스미스가 개념적으로 서술하였던 '가격 메커니즘'의 효율성을 수학과 논리학을 총동원해 증명한 것이다. 시장 경제에 대해 학자는 물론 정치인, 관료 등 많은 사람들이 '시장은 효율적이다', '시장 메커니즘을 통해 문제를 해결하자'는 등의 이야기를 하는 것도 기본적으로 이 정리에 근거하고 있다. 정부의 시장 개입은 이런 효율성을 떨어뜨릴 수 있기 때문에 최소화해야 한다는 의미도 담고 있다.•• 그만큼 후생경제학 제1정리는 시장 경제 이론은 물론 각종 경제 정책이나 경제 현상을 설명하는 과정에서도 가장 많이 인용되는 정리이다.

• 애덤 스미스는 그가 1776년에 내놓은 책 『국부론』(원제: 국부의 형성과 그 본질에 관한 연구(*An Inquiry into the Nature and Causes of the Wealth of Nations*))에서 개별 경제 주체들이 자신의 이익을 위해 노력할 경우 그들은 보이지 않는 손(invisible hand)에 이끌려 사회적으로 효율적인 상태에 도달할 수 있게 된다고 쓰고 있다. 그가 말한 보이지 않는 손은 시장의 가격 메커니즘을 의미하는 것으로 해석된다.

•• 후생경제학 제1정리는 애덤 스미스로부터 시작해 이후 자유주의 경제학의 가장 근본적인 원리로 사용되었다. 효율성을 높이기 위해서는 시장 경제 주체들의 자유를 최대한 보장하고 정부의 간섭을 최소화해야 한다는 신자유주의 원리도 이 원리를 강조하는 경제학의 한 사조이다. 시장의 실패를 고치기 위해 정부가 개입해야 한다는 케인스주의적인 논리와는 상반된다.

분배와 관련된 이론은 후생경제학 제1정리의 역으로 불리는 후생경제학 제2정리이다. 제2정리는 "경제 내에 도달하고 싶은 자원 배분 상태가 있다면 이 상태는 시장 가격 메커니즘을 통해 달성할 수 있다."는 것이다.● 위의 사과를 분배하는 예에서 살펴볼 수 있다. 예를 들어, 경제 내에서 3명에게 사과를 3개, 3개, 4개를 배분하고 싶다고 가정하자. 이때 정부가 사과 생산을 모두 걷어서 A, B, C 3명에게 직접 나누어 줄 수도 있다.

경제 내에 사람이 3명밖에 없고 생산물도 사과 하나라면 이렇게 하는 것이 간단할 수 있다. 하지만 경제 내에서 사람들은 수백만, 수천만 명이 있고 생산물도 수만 가지가 있다고 하면 문제는 달라진다. 모든 물건을 정부가 거두어들여서 사람들의 수요만큼 나누어 준다는 것은 보통 일이 아니다. 경제가 발전할수록 이런 방식의 자원 배분은 더욱 어려워진다.

이 때문에 정부가 초기의 자원 배분 과정에 개입해 자원을 나누어 주고 이를 기반으로 사람들이 시장에서 교환을 하도록 해준다면 경제는 정부가 계획하였던 이상적인 상태에 도달할 수 있다는 것이 후생경제학 제2정리이다. 후생경제학 제1정리와 제2정리를 종합해 보면, 초기 자원 배분 과정에서 정부가 개입하고 시장 원리에 충실하게 교환이 이루어지도록 보장해 주면 경제 내에서 이상적인 자원 배분 상태를 만들 수 있다는 것이다. 이런 점에서 시장 가격에 따른 자원 배분은 다른 어떤 메커니즘보다 효율적이라는 주장이 제기되어 왔다.

● 보다 엄밀히 말하면 경제 내의 모든 사람의 선호가 강단조성과 볼록성을 가질 때 파레토 효율적인 자원 배분은 시장 경제의 가격 메커니즘을 통해 달성할 수 있다는 것이다. 볼록성은 극단적인 소비보다 골고루 소비하는 것이 보다 효용을 높여 준다는 의미를 수학적으로 표현한 것이다.

다만 후생경제학 제2정리에 대해서는 경제학이나 현실에서 그리 많이 강조하지 않는다. 이상적인 자원 배분 상태에 대한 합의가 쉽지 않다는 이유에서이다. 초기 부존자원을 어떻게 배분하는지에 대한 논란은 경제학을 넘어선 철학적인 문제에 속한다.

부자의 경우 초기 자원을 만드는 데 기여한 부분이 상당히 있다. 정부가 보다 평등한 부의 분배를 하려는 계획을 세울 수는 있다. 이 경우 정부나 국가가 경제 내에 존재하는 개인의 재산권에 어떤 규제를 가할 수 있는 합당한 명분이 있어야 한다. 사회주의 사회에서는 국가의 개입을 정당화하고 있지만 자본주의 사회에서는 개인의 재산권은 매우 존중되어야 할 권리로 인정된다. 이 때문에 개인의 재산권에 대한 국가의 개입을 가급적 다루고 싶어하지 않는 경향이 있다. 이것이 경제학에서 후생경제학 제2정리가 상대적으로 많이 다루어지지 않는 이유이다. 또 어떤 상태가 이상적인 상태인가에 대한 사회적 합의를 도출하기가 쉽지 않다는 것도 후생경제학 제2정리와 관련한 논란거리이다. 조금 더 물건을 많이 생산하려면 개인들의 이기심을 자극해야 한다. 이처럼 사회 전체적인 부를 증대시키기 위해서는 개인의 재산권 보호와 사적 소유를 철저히 보장해 주는 것이 필요하다. 하지만 그 결과가 사회 전제적으로 극단적인 부의 불평등을 가져온다면 일정 정도 국가나 정부가 개입하는 것이 필요하다는 주장도 제기된다. 이런 문제는 철학적, 정책적 문제이다. 후생경제학 제2정리는 이처럼 국가가 국민들의 의사 결정을 모아 이상적인 자원 배분 상태를 계획하였다면, 그 다음에는 초기 자원을 재분배하고 시장 메커니즘에 따라 서로 간의 교환을 하도록 하는 것이 정책 목표 달성에 가장 효과적인 방법이라는 것을 보여 주는 정리이다.

어찌 되었든 후생경제학 제1, 제2정리는 확실한 것을 하나 보여 준다. 경제 내에서 시장 메커니즘을 통한 교환이 파레토 효율적인 상태를 만들어 준다는 것이다. 이것만으로도 경제학이 사회 과학에 기여한 부분이 매우 크다는 것은 일반론으로 받아들여졌다.

하지만 4차 산업혁명과 함께 새로운 기술이 들어오면서 노동과 자본 간의 대체성이 높아지는 '평평한 경제'에서는 시장에서 균형 가격이 달성되기가 매우 어려워진다. 어떨 때는 존재하지 않을 수도 있다. 이 경우 균형 가격의 존재를 가정한 후생경제학 정리는 의미가 없게 된다. 가격이 존재하지 않는다면 가격에 따라 자원이 배분되는 시장 경제의 효율성을 이야기하는 것은 어불성설이기 때문이다. 이처럼 균형 가격이 존재하지 않을 가능성이 있다는 것은 시장 경제 이론을 근저에서부터 뒤흔든다.

시장 가격이 결정되는 과정이 평평한 경제에서는 어떻게 달라지는지를 간단한 그림으로 살펴볼 수도 있다. 경제 이론에서 후생경제학을 이야기할 때 가장 많이 이용되는 그림이 에지워스 박스라는 것이다.• 이 박스의 세로축은 경제에 존재하는 총자본량을 의미하고, 가로축은 노동량을 의미한다. 2개의 기업이 있을 때 어떻게 시장 가격이 만들어지고 이 가격이 어떻게 효율성을 담보하는지 보여 준다. 그림 3-9에서 볼록한 모양의 곡선은 두 기업이 가지고 있는 생산 기술의 특성이 볼록하다는 것을 나타낸다. 이 곡선은 동일한 양을 생산하기 위해 투입되는 자본과 노동의 양을 표시하는 등량 곡선이다. 이런 기술

• 영국의 경제학자인 프랜시스 이시드로 에지워스(Francis Ysidro Edgeworth, 1845~1926)가 경제 이론 설명을 위해 만든 박스 형태의 모형이다. 그가 처음에 고안한 박스는 빌프레도 파레토(1848~1923)와 라이언 보울리(1869~1957)가 발전시켜 현재의 에지워스 박스를 만들었다.

그림 3-9

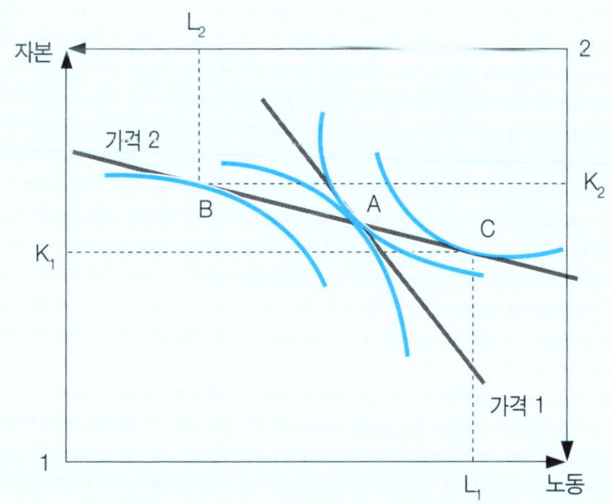

을 가지고 있는 두 기업은 노동과 자본의 상대 가격이 주어지면 거기에 맞추어 생산 활동을 한다. 그림에서 노동과 자본의 상대 가격이 '가격 2'로 주어졌을 때, 기업 1은 C점에서 생산하려 할 것이고 기업 2는 B점에서 생산하려 할 것이다. 이 경우에는 노동의 상대 가격이 비교적 낮기 때문에 두 기업 모두 노동을 많이 투입하는 생산 방식을 채택하려고 한다. 볼록한 모양처럼 자본과 노동의 대체가 가능하기 때문에 기업들의 생산 방식이 이처럼 정해지는 것이다. 이때 두 기업이 필요로 하는 노동의 수요는 경제 전체에 있는 노동의 수요보다 많아지고 두 기업이 필요로 하는 자본의 수요는 경제 전체에 있는 자본보다 작게 된다.• 경제 전체적으로 보면 노동은 초과 수요 상태이고 자본은 초과 공급 상

• 그림 3-9에서 생산점이 B와 C일 경우 생산에 투입되는 노동의 양은 L_1+L_2이고, 이는 전체 노동량보다 많다. 반면 생산에 투입되는 자본의 양은 K_1+K_2이고, 이는 전체 자본량보다 적다.

태이다. 그렇다면 시장에서 노동의 가격은 올라가고 자본의 가격은 상대적으로 떨어진다. 이를 나타내는 것이 '가격 1'로 표시된 선이다. '가격 1'로 표시된 상대 가격 체계에서는 자본의 값이 상대적으로 떨어졌기 때문에 두 기업 모두 자본은 늘리고 노동은 줄인다. 이런 기술이 사용되면 경제 내에 존재하는 노동과 자본은 모두 생산에 투입된다. 또 이때 두 기업이 생산할 수 있는 생산량도 최대가 된다.• 남는 노동이나 자본이 없고 생산량도 가장 많기 때문에 경제 전체적으로 효율적인 상태에 도달하게 된다. 이런 과정을 밟아 갈 수 있도록 만들어 주는 것이 시장 가격이다. 시장에서는 경제에 존재하는 자원보다 수요가 많을 때는 가격을 올리고 공급이 많을 때는 가격을 떨어뜨리는 메커니즘이 존재한다. 그렇기 때문에 시장 가격이 경제 내의 모든 자원을 생산에 투입될 수 있도록 만들어 준다. 이를 통해 경제 내에 효율성이 달성되는 것이다.

그림 3-9에서 효율적인 자원 배분 상태를 표시하는 점 A에 도달하는 과정은 앞에서 설명했듯이 경매인이 중간에서 매개 역할을 한다. 그가 '가격 1'과 '가격 2'처럼 가격을 불러 수요와 공급을 체크한다. 수요가 상대적으로 많으면 가격을 올리고, 공급이 상대적으로 많으면 가격은 내린다. 이 과정은 매우 빠르게 진행된다. 이 과정이 반복되다가 경매인이 경제 내에서 효율성을 만족시켜 주는 균형 가격을 부르게 되고 이때 균형점(A)에 도달한다. A점은 경쟁 균형이면서 파레토 효율적인 점이 된다. 앞서 설명하였듯이 경매인은 실제 존재하는 것이 아니라 시장에서 발생하는 가격 메커니즘의 조정을 개념화해 설명한

• 그림 3-9에서 각 기업은 사각형의 꼭짓점 1과 2에서 멀리 떨어질수록 많은 생산량을 달성할 수 있다. 가격이 1과 같이 주어졌을 때 두 기업의 등량 곡선이 접하면 모두가 최대의 생산을 하고 있다는 것을 의미한다. 아울러 이 점에서는 경제 내의 노동과 자본이 모두 활용된다. 이런 점에서 파레토 효율적이다.

그림 3-10

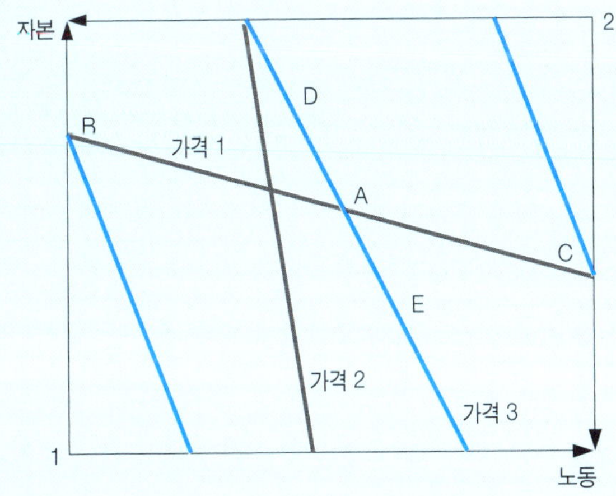

것이다.

그럼 4차 산업혁명으로 노동, 자본 간 대체 가능성이 높아지는 평평한 경제에서도 이 같은 효율성이 담보될까. 결과는 그리 낙관적이지 않다. 그림 3-10은 노동, 자본 간 대체 가능성이 높은 경우 경쟁 균형과 효율성에 대해 표현한 것이다. 요소 시장에서 자본과 노동의 상대 가격이 '가격 1'과 같이 주어질 때 자본과 노동의 대체율이 일정한 생산 기술을 가진 기업 1은 노동을 최대한 많이 투입하는 점 C에서 생산을 하려고 할 것이다. 반면 기업 2는 같은 이유로 점 B에서 생산을 한다. 두 기업 모두 노동을 최대한 많이 투입해 생산하려고 할 것이기 때문에 노동에 대해서는 막대한 초과 수요가 발생한다. 이에 따라 노동의 가격은 올라가고 자본의 가격은 상대적으로 떨어진다.

만약 자본과 노동의 상대 가격이 '가격 2'와 같을 때에는 노동의 값이 비싼 경우이다. 이때 두 기업은 모두 가격이 싼 자본을 최대한 투입해 생산을 하려고 할 것이다. 자본에 대한 수요는 급증한 반면 노동에 대한 수요는 거의 없어 시장에서 자본의 부족 상태가 심해지고, 이로 인해 자본의 상대 가격이 올라간다. 이때도 균형이라고 볼 수 없다.

그러다가 어느 순간 등생산 곡선과 가격이 일치할 경우 균형 가격과 생산량이 결정될 수는 있다. 이때는 '가격 3' 선상의 어느 점에서도 생산이 이루어질 수 있다. 이 선상에서 두 기업이 생산을 할 경우 경제에 있는 자본과 노동을 모두 사용하는 점들이 생길 수 있다. 실제 가격 3 선상의 어느 점에서 생산하든지 경제 내에 있는 자본과 노동을 모두 사용할 뿐만 아니라 생산량도 가장 많이 늘릴 수 있다.

이때는 어느 한 기업의 생산량을 줄이지 않고 다른 기업의 생산량을 늘릴 수 없기 때문에 파레토 효율성이 달성된다고 볼 수 있다. 하지만 시장 경제는 분권화된 의사 결정을 그 특징으로 한다. 가격 3 선상에서 두 기업이 각각 다른 점에서 생산하겠다고 할 수도 있다.

예를 들어, 기업 1은 D에서 생산하겠다고 하고 기업 2는 E에서 생산하겠다고 할 경우에는 시장에서 자본은 초과 수요 상태가 되고 노동은 초과 공급 상태가 된다. 이런 경우 시장에서는 노동의 가격은 올라가고 자본의 가격은 떨어진다. 그렇게 되면 기업이 생산하는 점은 또 멀어져 균형은 또다시 달성되지 않는다.

만약 어떤 이유로든지 두 기업의 생산량이 가격 3 위의 한 점에서 결정된다면 경제 내의 균형은 달성된다. 하지만 등생산 곡선이 볼록한 경우에는 가격 메커니즘에 따라 반드시 시장 경쟁 균형이 발생하지만 이처럼 등생산 곡선이 직선인 경우에는 균형이 우연적인 요인에 의해 달성될 뿐 반드시 존재한다는 보장은 없다. 이 때문에 4차 산업혁명이 본격화되는 시기에는 시장에서의 분권화된 의사 결정으로는 균형 가격을 찾을 수 없는 경우가 발생한다. 이때는 가격 외에 다른 자원 배분 방식이 요구된다.

가격이 효율적인 상태를 담보해 주지 못한다는 것은 시장 경제와 관련해 매우 중요한 의미를 갖는다. 시장 경제를 설명하는 경제 이론들은 그동안 형평성이나 공평성보다는 효율성을 크게 강조해 왔다. 가장 효율적인 자원 배분 방식은 시장을 통해서 달성할 수 있다는 것이 시장 경제 이론의 가장 강력한 힘이었다. 실제 가격 메커니즘이 효율성을 높이는 쪽으로 작동하기도 하였다. 이 때문에 역사적으로도 효율성을 강조하던 경제는 발전하였지만 공평성을 강조하던 경제는 쇠퇴하였다.

특히, 1990년대 들어서면서 구소련을 비롯해 동구 사회주의 국가들이 일제히 몰락하면서 시장에 의한 효율성을 강조하는 경제는 다시 부각되었다. 효율성이 보장되는 경제는 중장기적으로도 성장 가능성이 높았다. 시장 경제가 이 같은 효율성을 담보해 줄 수 있다는 것은 이론을 통해서도 증명되었다. 앞서 설명한 후생경제학 제1정리가 그런 내용이다. 이렇게 시장에서 가격 결정 방식이 작동하는 데 결정적인 역할을 한 것 중 하나가 '볼록성'이었다. 생산 기술과 소비자들의 선호가 볼록할 경우에는 시장 가격 메커니즘이 상대적으로 잘 작동할 수 있었다.

그런데 4차 산업혁명이 본격화하면서 생산 기술이 갈수록 평평해지고 있다. 자본과 노동의 대체가 활발해지면서 발생하는 현상이다. 개인의 선호에 있어서도 볼록성의 가정과 어긋나는 사례들이 나타나고 있다. 이처럼 평평한 경제에서는 시장에서 균형 가격이 빠른 속도로 형성되기 어렵다. 시장 가격이 존재하지 않는다면 후생경제학 제1정리에서 이야기하는 것처럼 효율적인 자원 배분을 달성하는 것도 담보하기 어렵다. 결론적으로 4차 산업혁명으로 생산 기술이 평평하게 바뀌면 시장 가격 메커니즘을 대체할 수 있는 새로운 자원 배분 방식에 대한 아이디어가 필요한 상황이다.

10

소유보다 점유가 중요한 시대

시장 경제는 소유에서 시작해 소유로 끝난다. 소유의 국어학적 의미는 '물건을 갖는 것'을 의미하고, 법률학적으로는 '물건을 배타적, 전면적으로 지배하는 것'이라고 한다. 자원 배분의 문제는 결국 누가 얼마만큼을 '소유'하도록 하는가를 결정하는 것이다. 근로자가 직장에서 일을 하고 월급을 받으면 그는 월급으로 받은 돈을 소유한다. 그는 그 돈을 자기 마음대로 쓸 수 있는 권리를 갖게 되는 것이다. 다른 사람이 그의 돈을 허락도 없이 사용하면 이는 엄연한 범죄 행위가 된다. 월급을 받아 식당에서 짜장면을 사면 그는 짜장면을 소유한다. 그 순간 그는 짜장면을 자기 마음대로 할 수 있는 권리를 갖게 되는 것이다. 시장에서의 거래는 소유권을 맞바꾸는 것이다. 내가 돈을 주고 자동차를 사면 돈에 대한 소유권은 넘어가고 자동차에 대한 소유권은 내가 갖게 된다. 소유권이 있는 물건에 대해서는 내가 무소불위의 권한을 보유하게 되고 이 권리는 누구도 침범할 수 없다.

시장 경제에서는 개인의 소유를 무제한 보장한다. 개인이 아무리 많이 소유해도 부족하다는 것을 의미하는 경제 원칙 중 하나가 앞서 설명한 '희소성의 원칙'이다. "인간의 욕망은 무한한데 자원은 유한하다."는 것이 희소성의 원칙이다. 이 때문에 인간의 욕망에 비해 자원은 항상 부족하게 된다. 예를 들어, 경제 내에 10사람이 있는데 쌀 10가마를 생산한다고 가정하자. 1인당 우리나라의 평균 쌀 소비량은 지난 2016년 기준으로 61.9kg이다. 평균적으로 1사람당 1년에 1가마(80kg)를 먹지 않는다는 이야기이다. 10명에게 1년에 쌀 1가마씩을 나누어 준다면 그들은 아마 쌀을 다 먹지 못해 버릴 수도 있다. 그렇지 않다면 남는 쌀을 가지고 다른 물건을 교환하겠다고 할지도 모른다. 만약 쌀이 유일한 생산품이어서 교환이 이루어지지 않는다면 1사람이 1가마씩 충분히 먹을 수 있다. 만약 이 사회에 존재하는 1사람이 쌀 9가마를 가지고 있고 나머지 9명이 쌀 1가마를 나누어 갖는다고 한다면 문제가 발생할 수 있다. 1사람은 쌀이 남아도는 반면 나머지 9명은 쌀이 부족해 기근에 시달릴 것이다. 개인의 소유를 무제한 보장하는 시장 경제에서는 쌀 9가마를 소유한 사람에게 나머지 사람들이 쌀을 달라고 요청할 수는 있지만 이를 강제할 수는 없다. 그가 쌀을 1가마도 먹지 못하고 나머지 9가마를 버린다고 해도 말이다.

시장 경제는 소유의 문제와 관련해 쌀 9가마를 갖고 있는 사람도 최선을 다해 쌀을 더 모을 수 있도록 각종 제도를 만들어 준다. 물론 쌀이 부족한 사람들도 쌀을 얻으려고 최선의 노력을 다할 것이고 시장 경제는 그들의 행동도 보장한다. 쌀이 남아도는 사람이건 쌀이 부족한 사람이건 쌀을 더 얻으려는 유인이 똑같이 존재한다는 것이 희소성의 원칙이다.

얼핏 보기에는 먹지도 못할 쌀을 가지고 있는 사람은 쌀을 더 모으려는 노력을 하지 않을 것처럼 보인다. 하지만 시장 경제 논리에 따르면 그렇지 않다. 이런 역설적인 상황을 설명하기 위해 경제학에서 개념화한 것이 앞에서 설명하였던 '불포화성'(non-satiation)이라는 인간의 특성이다. 불포화성의 원리란 경제 주체 어느 누구도 자신이 현재 소유하고 있는 것보다 조금 더 많은 것을 소유하면 효용이 증대한다고 가정하는 논리이다. 즉, 아무리 많은 것을 갖고 있더라도 100% 만족하는 사람은 누구도 없다는 의미이다.

경제 주체들이 불포화성이라는 특징이 있으니 상대적으로 인간의 욕구 충족을 위한 자원이 부족하다는 희소성의 원칙이라는 것이 생겨났다. 경제 현실을 놓고 볼 때도 결핍의 시대에는 이런 원칙이 타당한 측면이 많다. 1차 산업혁명이 발생하던 당시 지구상의 어디를 보아도 모든 사람의 욕구를 충족시켜줄 만큼 자원이 풍부한 경우를 보기는 어려웠다. 의식주를 비롯해 지하자원, 공산품 등 모두가 풍족하지 못하였다. 경제학의 태동 이후 자본주의가 발달하는 시대에도 누구나 풍족한 의식주를 누리기를 원하였다. 많은 사람들이 더 좋은 것을 먹고 더 좋은 옷을 입고 더 좋은 집에 살고 싶어하였다. 사회 전체적으로 부족함의 시대는 이어진다. 지금도 이런 분위기는 전혀 달라지지 않았다.

하지만 시선을 한 개인으로 돌려보면 이야기는 달라진다. 희소성의 원칙은 개인의 욕망도 무한하다고 가정한다. 1억을 가진 사람은 2억을 갖고 싶고, 2억이 있는 사람은 3억을 갖고 싶어한다. 극단적으로 100조를 갖고 있는 사람은 101조를 갖고 싶어할 정도로 개인의 욕망이 무한하다는 것이다.

과연 그럴까. 1사람이 하루에 먹을 수 있는 쌀은 1말도 안 된다. 1사람이 운행할 수 있는 자동차는 1대뿐이다. 집도 동시에 2채에서 사는 것은 불가능하다. 하지만 어느 사회에서나 일부의 사람들은 쌀도 수백 가마, 자동차도 수십 대, 집도 수십 채를 가지고 있다. 자기가 쓰지도 못하는 물건들을 너무 많이 가지고 있는 것이다.

하지만 모든 물건을 돈으로 환산하는 순간 이야기는 달라진다. 쌀과 같은 재화는 많이 소유할 이유가 없지만 돈은 많을수록 더 좋다는 환상을 심어 준다. 쌀은 필요한 만큼만 갖겠다고 하는 사람들도 돈은 많이 갖고 싶어한다. 인간의 욕망이 무한하다는 것은 돈을 생각해 보면 맞는 말 같기도 하다. 쌀 100가마는 필요가 없지만 돈은 많을수록 좋은 것 같다. 이런 돈에 대한 생각 때문에 사람들은 아무리 많은 돈이 있어도 더 벌려고 한다. 자본주의 경제에서 돈은 인간의 욕망을 무한하게 만들어 주는 매개체이다. 현실 생활에서도 아무리 많은 돈을 가지고 있더라도 돈을 벌기 위해 노력하고 있는 것은 이 때문이다.

그동안 경제는 사람들의 소유욕을 자극해 끊임없이 많은 수요를 창조해 내면서 성장하였다. 휴대폰 모양과 기능을 조금씩 바꿔 가며 1사람이 1년도 안 되어 휴대폰을 바꾸도록 유혹하면서 많은 물건을 만들어 냈다. 자동차와 주택도 한 사람이 최대한 많이 갖는 것을 정당화하면서 생산자들은 자동차를 만들고 집을 지었다. 생산을 많이 하게 되면 경제는 성장한다. 처음에는 걸어 다니던 사람들이 버스를 타고 다니고, 다음에는 자동차를 몰고 다닌다. 이제는 1사람당 1대의 차를 가지고 다니는 시대가 되었다. 그렇게 더 좋은 차, 더 많은 차를 갖게 되면 지표로 환산한 경제는 계속 발전하고 성장한다.

그러다가 한계가 노출되었다. 자동차 업체들이 가공의 수요를 만들어 내면서 자동차 생산을 확대한 결과 자동차는 초과 공급 상태이다. 여러 대의 자동차를 소유하고 있는 사람들이 평균적으로 이용하는 자동차 수는 전체 자동차의 절반도 안 된다. 주택도 마찬가지이다. 소유자는 있지만 많은 집들이 상당 기간 비어 있다. 교외에 별장을 소유한 사람이 1년간 별장에 가서 거주하는 기간은 1달도 안 되는 경우를 생각해 보면 이해가 간다.

시장 경제가 발달하면서 소유를 기준으로 측정한 불평등은 심화되었다.

상위 10%의 재산가들이 전체 사회 자산의 90% 이상을 소유하는 경우는 흔하게 볼 수 있다. 많은 자산을 소유한다고 해서 이를 다 이용하는 것은 아니다. 소유는 누군가가 하고 있지만 이용은 하지 않는 자산들이 늘어난다. 또 소유가 소수에게 편중되면 자본주의 사회는 점점 불안정해진다. 부의 양극화가 심해지면 경제 내에서 유효 수요가 줄어들어 성장에도 악영향을 미친다.

이렇게 소유의 편중에 따른 문제들이 드러나면서 소유와는 다른 '점유'라는 개념이 등장하였다. 점유는 '물건이나 영역, 지위 등을 차지하는 것'을 말한다. 소유하면 당연히 점유도 할 수 있다. 하지만 점유한다고 해서 소유하는 것은 아니다. 예를 들어, 아파트 전세를 사는 경우 아파트를 점유하고 있지만 소유하고 있는 것은 아니다. 부모님의 자동차를 빌려 타고 다니는 경우에도 점유는 하고 있지만 소유는 부모님이 하고 있다고 보아야 한다.

실제 사용하지 못하는 것을 무수히 많이 가지고 있는 게 큰 의미가 없을 수도 있다. 이 때문에 어느 순간부터 점유하지 못하는 소유가 갖는 의미에 대해 사람들이 깊게 생각하기 시작하였다. 앞에서 이야기하였듯이 1년에 쌀을 1가마 먹는데 100가마를 가지고 있다면 쓸 데 없이 보관 비용만 많이 들어간다. 다른 물건도 사정은 비슷하다. 내가 자동차를 1대만 쓰는데 10대를 가지고 있을 이유는 없다.

2015년 이후 각광 받는 '공유 경제'의 개념도 소유와 점유 사이의 불일치를 해소하자는 취지에서 나왔다. 사람들이 소유하지만 점유하지 않는 많은 것들을 다른 사람들이 점유하도록 빌려주면 더 많은 사람들이 물건을 이용하고 효용을 높일 수 있다는 점에 착안하였다. 미국의 '에어비앤비'(Airbnb)라는 업체는 빈집을 필요로 하는 사람에게 빌려주는 아이디어를 사업화해 폭발적인 성공을 거두었다. 우버(Uber) 택시가 사용하지 않는 자동차를 빌려주는 사업 모델을 개발한 것도 소유보다는 실제 이용하고 점유하는 것이 중요하다는 판단에서이다. 사람들이 소유에서 점유로 개념이 바뀌는 시기라는 점에 착안해 사업 모델을 만들어 냈다.

기업들이 가지고 있는 생산 설비를 공동으로 이용하도록 하는 '자산 공유'의 개념도 확산되고 있다. 이처럼 많은 기업들이 소유와 점유의 개념 변화를 포착해 사업 아이디어를 내놓았다. 앞으로 소유보다는 점유라는 개념이 확산되면 이때는 사업의 문제가 아닌 경제 시스템의 문제가 된다. 소유권보다 점유권을 거래하는 시스템이 구축될 수도 있다. 이 경우 법적, 경제적, 사회적으로 소유의 문제를 어떻게 다룰 것인가가 매우 중요한 문제로 부각될 것이다.

자본주의 초창기에는 소유가 경제 성장을 견인하였다. 자본주의가 발달하고 빈부 격차가 커질수록 소유와 점유 사이의 괴리가 발생해 왔다. 인공 지능이 촉발하는 4차 산업혁명은 양극화를 한층 더 촉진시키고 소유와 점유 사이의 괴리를 더욱 확대시킬 것으로 보인다.

극단적으로 1%의 사람이 모든 것을 소유한다면 그 괴리는 감당할 수 없을 만큼 커진다. 1사람이 사용하지도 않는 자동차를 수백 대 가지고 있고, 집을 수십 채 가지고 있다면 이를 유지하기도 힘들 뿐만 아니라 사회 내에서 불안감을 키우는 원인이 된다. 이때는 소유보다는 점유의 논리가 각광 받는다. 내가 내 명의의 집이 없더라도 다른 사람의 집에서 안정적으로 살 수만 있다면 4차 산업혁명이 촉발할 양극화 문제를 어느 정도 해소할 수 있다. 4차 산업혁명으로 소유보다는 점유가 각광 받는 분위기가 한층 강해질 전망이다. 이것이 인공 지능으로 대표되는 4차 산업혁명이 가져올 중요한 변화이다.

11

소외되는 인간의 노동

사람이 일을 하는 것은 꼭 돈을 벌기 위해서는 아니다. 필요한 것을 얻기 위해 일을 하는 경우도 있지만 스스로 무엇인가 하고 싶을 때도 일을 한다. 그림을 그리고 싶을 때는 그림을 그리고, 노래를 부르고 싶을 때는 노래도 부른다. 내가 흥얼거리는 노래는 아무 대가가 주어지지 않지만 노래를 부르면서 즐거움을 느낀다. 가수가 부르는 노래는 많은 사람에게 즐거움을 주지만 노래를 부르고 돈을 받는 가수 자신은 노래를 부르면서 고통을 느낄 수도 있다.

주말을 즐기기 위해 여가로 주말농장을 운영하면서 일을 하는 사람과 돈을 벌기 위해 농업에 종사하는 사람 간에도 비슷한 차이가 있다. 똑같은 노동을 하지만 한 사람은 즐겁고 다른 한 사람은 고통과 스트레스를 받는다. 그런 걸 보면 노동 자체보다는 노동을 둘러싼 환경 때문에 어떨 때는 고통이 되고 어떨 때는 즐거움이 되는 것 같다. 쉽게 이야기하면 돈을 벌기 위해 하는 노동은 힘들고, 여가를 즐기기 위해 하는 노동은 즐거움이라는 것이다.

역사적으로 살펴보면 노동을 둘러싼 환경은 점차 변해 왔다. 원시 시대 때 사람들은 필요한 게 있으면 그때그때 해결하였다. 배가 고프면 과일을 따 먹거나 사냥을 하였고, 배가 부르면 쉬었다. 이때 과일을 따거나 사냥하는 것도 일종의 노동이다. 당시 노동은 인간에게 그리 스트레스를 주는 것은 아니었을 것이다.

과거 노예제 사회일 때는 힘든 노동은 노예들의 몫이었다. 노예들에게 육체노동이 집중되고 이들을 부리는 사람들은 노예들이 하는 노동에서 해방되었다. 이때 노예들의 노동은 분명히 하기 싫은 것이었고 그들에게 고통을 주었을 것이다. 노예들은 이 같은 힘든 노동으로부터 벗어나려고 애를 썼다. 이때부터 노동은 '힘든 것', '하기 싫은 것'이라는 인식이 퍼져 나갔다. 이후 봉건 시대에는 농노들이 지주와 계약을 맺고 노동을 하였다. 자본주의 사회는 자본가와 노동자가 나뉘어 서로 다른 노동을 한다. 이처럼 사회 전체적으로 계급이나 계층이 뚜렷하게 정해지면서 노동은 낮은 계급이나 계층에서 하는 것으로 인식되어 왔다.

사람들 사이의 상대적 계층이 나뉘면서 낮은 계층은 일의 즐거움보다는 괴로움을 더 많이 인식하게 되었다. 혼자 있을 때는 빨래나 청소를 잘 하던 사람도 둘이 같이 살면서 혼자만 빨래와 청소를 하라고 하면 하기 싫어지고 힘들어지는 것과 비슷하다. 사람이 노동으로부터 소외되는 과정은 노동 자체에 있다고 하기보다는 노동을 둘러싼 사람 간의 관계에 기인한다고 보아야 한다. 이처럼 인류의 역사는 인간 사이에 서로를 노동의 즐거움으로부터 소외시켜 온 역사적 과정이었다.

인간 사이의 문제뿐만 아니라 자본과 인간 사이에서도 노동의 소외 현상이 발생하였다. 자본과 인간 사이에서 노동은 서로 보완적인 경우부터 출발해 점점 자본이 인간을 대체해 가는 속도가 빨라지는 역사가 전개되었다.

작은 물건이라도 하나 만들어 본 사람이면 물건을 만들 때 무엇이 필요한

지 안다. 사람 혼자서 물건을 만들기는 매우 힘들다. 무엇인가 도구가 있어야 한다. 책상을 하나 만들려면 나무와 톱, 못, 망치 등이 필요하다. 물건이 복잡해질수록 필요한 도구의 양이 많아진다.

기술의 발달로 자본은 종전의 자본만 대체하는 것이 아니라 사람도 대체한다. 이때부터 기계와 사람은 서로 대체적인 관계로 바뀐다. 기계가 많아지면 사람을 줄이고 기계가 적으면 사람이 많아지는 관계이다. 기술이 더 발달하면 이런 대체성은 훨씬 더 커진다. 예를 들어, 10명이 곡괭이로 밭을 갈던 사람들이 같이 살던 마을에 밭을 가는 데 매우 효과적인 불도저가 도입되었다고 가정해 보면 이해가 쉽다. 만약 이 불도저를 운용할 사람 1명만 있으면 종전보다 훨씬 더 많은 밭을 갈 수 있다면 불도저라는 기계는 사람 9명을 대체하게 된다. 9명의 사람은 이전에 하던 곡괭이로 밭을 가는 일을 더 이상 할 필요가 없다. 만약 이 사람들이 기업에 소속된 사람들이었다면 일자리를 잃게 된다. 생산 기술의 발달로 기계와 노동 간의 대체성이 높아지면서 노동의 소외도 더 많이 발생하게 된다.

4차 산업혁명기에는 급기야 사람과 거의 비슷한 로봇까지 등장하였다. 인공 지능이 스스로 알아서 밭을 갈고 씨를 뿌리는 시대가 오면 사람의 노동을 완전히 대체하게 된다. 불도저가 발명되었을 때만 해도 사람이 없으면 불도저 운전을 할 수 없었다. 그런데 인공 지능을 가진 로봇이 등장하면 사람이 1명도 없어도 밭을 가는 데 아무 문제가 없다. 오히려 효율성이 더 높아진다. 완벽하게 기계가 노동을 대신할 수 있게 되는 시대가 온 것이다. 밭을 가는 사람은 이제 아무 할 일이 없어진다. 그는 노동으로부터 철저히 소외되는 것이다. 이제 노동으로부터의 소외 현상은 생산 조직의 문제가 아니라 기계와 인간 사이에서 광범위하게 발생하는 문제로 바뀐다.

로봇이 전 산업에서 인간을 대체하게 되면 사회 전체적으로는 로봇을 만드는 인력만 필요하게 된다. 종전에 일하던 수많은 사람이 실업 상태에 빠지고 로봇을 만드는 소수의 사람만 일자리를 독점한다. 이제 실업의 문제는 사회 구조적으로 광범위하게 발생할 수밖에 없다. 실업으로 경제가 어려워지는 것과 더불어 사람이 노동으로부터 소외되는 현상도 발생한다. 4차 산업혁명기에 발생하는 대량 실업은 사회 전체적으로 고민해서 풀어야 할 문제이다.

실업의 문제를 막기 위해 일정 금액의 소득을 전체 사람들에게 무상으로 지급하는 기본 소득• 방안 등이 논의되고 있다. 사회 내의 일부 사람만 노동을 하고 기계에 의해 일자리를 빼앗긴 사람들은 기본 소득으로 생활을 하는 시대가 올 수도 있다. 그런데 이런 세상이 과연 행복한 세상일까. 4차 산업혁명을 통해 발생하는 실업으로 생존이 위협 받는 문제는 사회 보장 제도를 통해 해결한다고 하더라도 인간이 노동으로부터 소외되는 문제는 해결하기 어렵다. 앞에서 이야기하였듯이 사람은 일을 함으로써 생계를 해결하는 것은 물론이거니와 즐거움도 느낀다.

그런데 인공 지능으로 대표되는 기계에게 자신의 일자리를 빼앗기는 현상이 가속화되면 점점 많은 사람들이 노동으로부터 소외되고 이로 인해 존재감을 상실한다. 특히, 사회에서 필요한 노동이 점점 고도화되는 속도는 빨라

• 기본 소득(universal basic income)이란 재산이나 소득, 노동 여부와 무관하게 모든 사람에게 일정 금액만큼 지급되는 소득을 말한다. 세상에 존재하는 모든 인간은 최소한의 생활을 할 수 있을 정도의 의식주가 필요하고, 이는 사회가 제공해 주어야 한다는 철학에서 비롯되었다. 핀란드에서는 2017년 시범적으로 실시된 바 있으며, 스위스는 기본 소득 도입을 놓고 국민 투표를 하였지만 부결되었다. 많은 나라에서 기본 소득 도입 방안을 논의하고 있다.

지는데 기존의 근로자들은 여기에 따라갈 준비가 되어 있지 않은 경우가 대부분이다. 기술 발전에 적응하는 소수의 엘리트와 낙오하는 대다수 사람 간의 격차는 갈수록 확대된다. 대부분의 사람들은 상대적인 빈곤감을 느끼는 것과 더불어 노동으로부터 소외되는 현상으로부터 존재감을 잃어 간다. 사회 전체적으로 낙오되는 사람이 급증해 사회적 불안은 더욱 커진다. 인간의 소외 현상은 경제적인 문제를 넘어 사회 전반적인 문제로 확산된다.

해법을 만드는 원칙은 단순하다. 인공 지능으로 대표되는 기술이 아무리 발달한다고 해도 인간이 중심이 되는 사회를 만들어야 한다. 인간이 중심이 되는 사회의 요건 중 하나가 사람이 노동을 주도해야 한다는 것이다. 기계는 어디까지는 인간이 주체가 되는 노동을 도와주는 종속적인 역할을 하는 것에 국한되어야 한다. 그래야 노동으로부터의 소외 현상을 바로잡을 수 있다. 그러려면 4차 산업혁명기에 기계가 인간을 무분별하게 내모는 것은 막아야 한다. 인간이 주도권을 잡지 못하고 기술에 의해 속수무책으로 대체되는 상황을 막기 위해 국가 간, 기업 간, 사회 간 아이디어를 모아야 한다. 한 나라나 개인이 인공 지능 개발로 이득을 얻기 위해 다른 나라나 개인을 파괴하는 것은 바람직하지 않다.

제 4 부

새로운 경제 신화

1. 성장하는 경제의 조건
2. 로빈슨 크루소 경제
3. 평평한 경제에서의 성장
4. 성장과 거꾸로 가는 고용
5. 물건이 팔리지 않는다
6. 스미스와 케인스를 넘어서
7. 정부 정책의 새 패러다임
8. 화폐가 사라지는 경제
9. 노동 없는 소득의 등장
10. 인센티브 시스템이 사라진다
11. 공감의 경제학
12. 새로운 신화의 탄생

1

성장하는 경제의 조건

경제의 문제는 자원 배분과 성장의 문제이다. 지금까지는 자원 배분의 문제를 살펴보았다. 이제부터는 자본주의 경제 성장의 문제를 살펴보고자 한다. 자본주의 경제에서 성장은 물건을 많이 만들어 내는 것을 의미한다. 21세기에는 인간이 소비하는 물건의 수와 양이 분명히 20세기보다 늘어났다. 17, 18세기보다는 훨씬 더 많이 늘었다. 눈에 보이는 것처럼 이렇게 사람이 소비하는 물건이 많아졌다는 것은 경제가 그동안 성장하였음을 의미한다. 경제가 계속 성장할 수 있을 것인가. 어떻게 하면 성장을 보다 촉진할 수 있는가 하는 것은 경제의 중요한 이슈이다. 앞에서 살펴본 균형 가격의 개념으로는 이런 성장을 설명할 수 없다. 또 하나의 논리가 필요해진다. 여기서 질문이 생긴다. 경제가 계속 균형을 이루면서도 물건이 점점 많아지는 성장을 이룰 수 있을 것인가 하는 점이다. 이 분야를 설명하는 이론을 거시경제 이론이라고 부른다.

애덤 스미스와 리카도로 대표되는 경제학 초창기에는 자본주의 경제의 미래에 대한 걱정이 있었다. 리카도는 자본주의 경제는 자본이 축적되면서 이윤율은 장기적으로 떨어질 수 있다고 보았다. 이윤율 하락은 자본주의를 불황으로 몰고 갈 가능성이 있다는 것이다. 리카도는 시장 교환을 통해 자원 배분의 균형을 이룰 수 있다는 점에는 동의하였지만 경제의 지속적인 성장에 대해서는 의문을 표시하였던 것으로 보인다. 굳이 표현하자면 시장에서는 균형을 달성하더라도 장기적 성장 과정에서는 불균형이 발생할 수 있다는 것이다. 이 때문에 경제의 장기적인 성장을 논리적으로 설명하는 것은 항상 경제학의 중요한 과제였다. 이번 파트에서 설명하는 것은 자본주의 경제의 성장을 설명하는 논리와 이 논리가 4차 산업혁명으로 인해 평평해지는 경제에서는 어떻게 바뀌어야 하는지에 대한 것이다. 한마디로 이야기해서 '볼록한 경제'에서 '평평한 경제'로 바뀌면서 경제 성장과 관련된 부분도 바뀌고 있다. 시대의 변화는 볼록한 경제에서 성장을 설명하던 논리도 바뀌어야 한다는 점을 보여 준다.

2

로빈슨 크루소 경제

가격을 설명할 때 활용되었던 균형 개념은 경제 전체의 성장을 이야기하는 분야에서도 활용된다. 경제의 성장은 많은 사람들의 행동이 결합되어 발생하는 결과이다. 앞에서 설명하였던 자원 배분 과정에서는 개인들이 각 시장에서 행동하는 결과 균형 가격이 결정되고 이 과정에 따라 자원을 배분한다. 이런 메커니즘은 경제가 성장하는 과정에서도 똑같이 적용될 수 있다. 경제 성장 과정에서 개별 경제 주체들은 자신의 이익을 최대화하기 위해 경제 생활을 하고 이런 개인 경제 생활들의 총합으로 경제 성장도 이루어진다는 논리이다.

개인들은 경제 내에서 다양한 역할을 담당하고 있다. 직장에서 일을 할 때는 생산자로서 역할을 담당하지만, 직장에서 번 돈으로 물건을 살 때는 소비자로서 행동한다. 또 기업을 운영하는 사람은 이윤을 극대화하기 위해 노력하기도 한다. 이렇게 다양한 측면에서 개인의 행동을 관찰한 후 이들의 행동이 경제 내에서 어떻게 균형을 이루는지 분석해 볼 필요가 있다.

경제 이론에서 경제 전체의 균형을 설명하기 위해 가장 많이 인용되는 사례가 로빈슨 크루소 이야기이다. 영국 소설가 대니엘 데포가 18세기에 쓴 소설 주인공인 로빈슨은 항해중 배가 난파당해 무인도에서 생활을 하게 된다. 무인도에 혼자 남은 로빈슨은 하루하루 코코넛을 따먹으며 생활한다.

무인도에 표류한 로빈슨 크루소 1인 경제는 상징적인 의미가 있다. 그는 경제 내에 존재하는 무수히 많은 사람들의 공통된 특성을 갖고 있는 대표적인 개인이다. 그는 경제 내에서 존재하는 기업인, 근로자, 생산자, 소비자 등의 모든 특성을 다 가지고 있는 사람이다. 많은 사람들의 집합체라고 볼 수 있다. 로빈슨과 행동 패턴이 유사한 사람들의 모임인 경제 공동체에서는 행동하는 방식이 거의 비슷하기 때문에 한 사람의 행동을 정확히 분석하면 이를 경제 내의 모든 행위로 확산시킬 수 있다.

다시 로빈슨의 이야기로 돌아가 보자. 로빈슨은 하루 24시간의 일부분을 코코넛을 따는 데 투입하고 나머지 시간은 쉬면서 보낸다. 로빈슨은 과연 어떻게 시간을 배분할 것인가. 그리고 이렇게 생각한 그의 행동 양식은 전체적으로 어떻게 균형을 이룰까.

그 과정은 이렇다. 로빈슨은 무인도에서 코코넛을 따서 파는 것을 생각할 때는 이윤을 극대화하는 생산자로서 활동하고, 코코넛을 실제 따는 노동을 할 때는 근로를 하고 임금을 받는 근로자로서 행동한다. 또 코코넛을 먹을 때는 효용을 극대화하는 소비자로서 생각하고 행동한다. 혼자 살지만 각각의 의사 결정을 나누어서 한다는 이야기이다. 두세 가지로 나누어 의사 결정을 할 때 생산량과 소비량이 일치하는 균형 상태에 도달하고, 이 상태에서는 기업의 이윤도 극대화되고 개인의 효용도 극대화된다.

보다 구체적으로 들어가 보자. 우선 로빈슨이 자신을 근로자로서 생각하고 행동할 때 그는 자신의 임금과 여가 간의 기회 비용을 따져 보고 얼마나 노동을 공급할 것인지 결정한다. 다음에는 기업인이라고 생각하고 행동할 때는 물건을 만들어 얼마나 이윤을 올릴 것인지를 판단해 결정한다. 마지막으로 그는 자신이 얻은 임금과 이윤을 합해 이를 기반으로 소비를 어떻게 할 것인지도 결정한다.

앞에서 설명했듯이 로빈슨 모형은 한 사람이 생산하고 소비하는 1인 경제를 가정하고 만든 것이지만 사람이 많아지더라도 똑같은 결론을 도출할 수 있다. 사람들이 물건을 생산할 때는 이윤만 생각하며 생산하고, 소비할 때는 자신의 효용을 극대화하는 소비 행위를 하면 사회적으로 조화를 이루어 가장 효율적인 상태를 이룰 수 있다는 논리이다. 분권화된 의사 결정이지만 그 결과는 가장 이상적인 상태를 이룬다는 것이 자본주의 시장 경제의 중요한 원칙이다. 자본주의 경제 이론은 이런 방식으로 효율적인 균형을 찾아가는 과정을 수식과 모형을 통해 보여 준다.

균형을 찾아가는 과정도 중요하지만 이 모형이 보여 주고 있는 것은 경제 내의 모든 주체들이 가지고 있는 양면성이다. 자본주의 경제에서 생산만 하는 사람은 없다. 또 소비만 하는 사람도 없다. 모두가 생산과 소비 행위를 함께 한다. 기업주들은 이윤을 극대화하는 생산자로서의 행위를 하고 벌어들인 이윤을 가지고 효용을 극대화하는 소비자로서 행동한다.

근로자들도 월급을 받을 때는 생산자로서 활동하지만 월급을 쓸 때는 소비자가 된다. 생산자와 소비자는 자본주의 경제 내에 살고 있는 모든 경제 주체들의 양면성을 보여 준다. 이 모형은 자본주의 시장 경제가 효율적인 자원 배분을 어떻게 구현하는지를 보여 준다.

이 모형에서도 볼록성은 매우 중요한 역할을 한다. 그림 4-1에서 보면 생산량 곡선은 로빈슨이 노동을 통해 만들어 낼 수 있는 코코넛의 양을 표시하는

그림 4-1

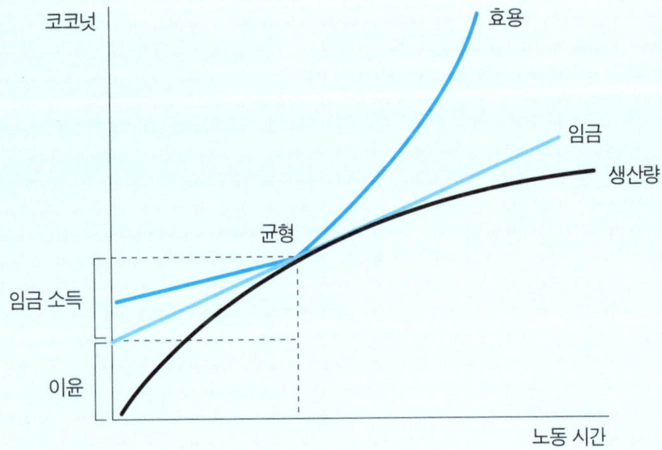

자료: 클라크(2008), 24쪽.

곡선이다. 곡선이 위로 볼록하다는 것은 노동을 한 단위 늘릴수록 추가적인 1단위 노동이 생산하는 코코넛의 양이 줄어든다는 것을 보여 준다. 이른바 한계 생산 체감 현상이다. 한계 생산이 체감한다는 것은 사람이 노동을 할 때 처음 한 단위를 생산할 때 느끼는 피로감보다 두 번째 생산할 때 느끼는 피로감이 더 커진다는 것을 의미한다. 이 경우 계속 일을 하면 단위 노동 시간당 만들어 내는 물건의 양은 줄어들게 되는데, 이를 그림으로 표시하면 위로 볼록한 모양이 된다.

직선은 로빈슨이 1단위 노동을 할 때 받을 수 있는 임금 소득을 의미한다. 그리고 이 직선이 세로축과 만나는 점 아래 부분은 로빈슨이 기업가로서 역할을 할 때 코코넛을 따서 임금을 주고 남는 부분, 즉 이윤을 의미한다. 위의 그림은 코코넛의 생산량은 임금과 이윤으로 나누어지는 것을 보여 준다. 로빈슨은 이윤과 자신의 임금을 합한 것을 기반으로 자신이 얼마나 소비를 할지 결정한다.

그림 4-1에서 곡선 U는 로빈슨이 코코넛 소비를 통해 얻을 수 있는 효용을 나타내는 무차별 곡선이며, 이 곡선 자체가 위로 올라갈수록 효용 수준이 높아진다는 것을 보여 준다. 이 곡선이 아래로 볼록한 모양을 띠는 것은 앞에서 이야기한 것처럼 로빈슨이 여가를 포기할 때마다, 즉 여가를 포기하고 노동을 계속 할 때마다 더 높은 보상을 받아야 한다는 이야기이다. 위의 그림에서 보면 임금선은 직선이고 효용을 나타내는 선과 생산량을 나타내는 선은 모두 볼록한 곡선이다. 위 그림에서 만나는 점이 하나로 도출되기 위해서는 모두가 볼록한 모양의 선일 때 가능하다.

이때 경제가 균형을 이룬다면 직선과 생산 곡선이 만나는 점에서 형성된다. 이 점에서 생산량과 소비량은 같아지고 생산량으로부터 얻는 이윤도 가장 많아진다. 아울러 소비자로서 로빈슨의 효용도 가장 많아진다. 생산과 소비가 균형을 이루고 경제 내에 유휴 자원이 없는 상태가 이런 모양이 될 것이다. 로빈슨은 각각 다른 의사 결정을 한 결과 경제 전체적으로 균형을 이루는 것이 자본주의 시장 경제의 묘미이다. 로빈슨 같은 사람이 여러 명 있어도 이 같은 원칙은 그대로 적용된다.

그림 4-2는 경제 내의 불균형 상태를 보여 준다. 만약 코코넛으로 표현된 임금이 높다면 어떤 일이 벌어질까. 이때 기업가로서 로빈슨은 코코넛의 생산을 줄일 것이다. 그런데 소비자로서 로빈슨이 판단할 때는 생각이 좀 다르다. 임금이 올랐으니 로빈슨은 코코넛 소비량을 늘리려는 소비 패턴을 보일 것이

그림 4-2

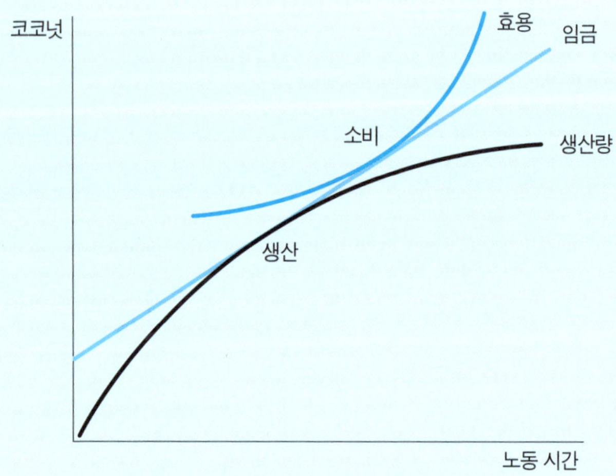

다.• 생산과 소비가 다르니 경제는 균형을 이룰 수 없다. 이 경우 시장에서 임금이 줄어든다. 이때 소비는 줄이고 생산은 늘려 새로운 균형을 찾아간다. 로빈슨 크루소 1인의 모형을 가지고 거시경제 전체적으로 어떻게 균형이 달성되는지 매우 직관적으로 보여 주는 모델이다.

로빈슨 모형에서 성장은 균형점의 연속적인 이동으로 설명된다. 그림 4-3에서 로빈슨이 코코넛을 따는 숙련도가 높아지거나, 새로운 아이디어를 내서 생산성이 높아진다면 로빈슨의 볼록한 생산 곡선은 그 모양을 유지하면서 위로 이동한다. 즉, 똑같은 노동을 할 때 생산물을 더 많이 만들어 내는 것이다.

• 보다 구체적으로 설명하면, 코코넛 가격이 올라가면 로빈슨은 일을 더 많이 해 코코넛을 더 많이 따려고 한다. 여기서는 코코넛과 여가가 서로 대체 관계이기 때문에 이 같은 논리가 성립한다. 앞에서 설명한 것처럼 가격이 올라가면 수요가 줄어든다는 것과 대치되는 결론이 나오는 것도 이 때문이다.

그림 4-3

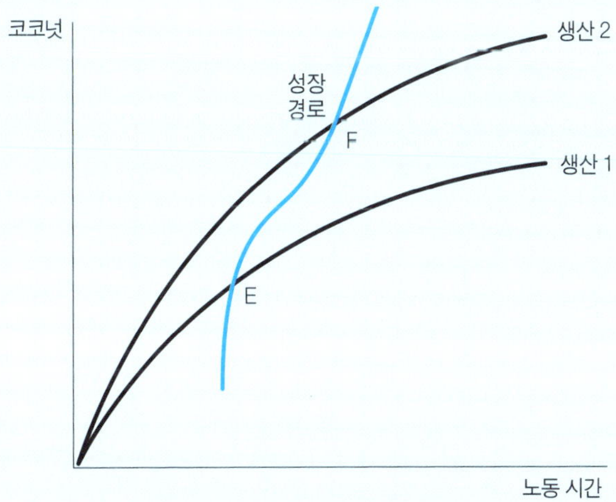

이때 같은 방식으로 로빈슨이 의사 결정을 한다면 새로운 균형점이 만들어진다. 노동을 더 많이 할 것인지는 생산 곡선의 모양에 따라 결정되지만 분명한 것은 로빈슨의 코코넛 생산과 소비가 늘어나고 효용도 증가한다는 점이다. 볼록한 경제에서의 성장이란 이처럼 균형점의 이동으로 표시된다. 기술 진보가 발생해 균형점이 계속 위로 이동하고, 이 과정에서 생산과 소비가 늘어나는 것이다.• 기술 진보의 반대 경우도 생각해 볼 수 있다. 경제에 어떤 충격이 가해지면 생산 가능 곡선이 수축될 수도 있다. 이때는 생산과 소비가 줄어드는 경기 침체가 발생한다. 이 경우도 축소된 균형점의 이동으로 설명할 수 있다.••

• 생산 가능 곡선을 이동시키는 기술 진보의 원인에 대해서는 많은 경제 이론이 있다. 경제 내의 충격으로 기술 진보가 이루어진다는 외생적 성장 이론과 경제 내부에서 생산성을 높이는 과정을 설명하는 내생적 성장 이론 등이 있다. 이에 대한 설명은 이 책의 범위를 넘어서므로 생략한다.

•• 생산의 확대와 축소를 통해 경기 변동을 설명하는 이론도 경제학의 중요한 분야이다.

3

평평한 경제에서의 성장

로빈슨 크루소 모형이 평평한 경제로 바뀌면 문제는 완전히 달라진다. 예를 들어, 로빈슨이 살고 있는 섬에 코코넛을 따는 로봇이 하나 등장하였다고 생각해 보자.• 코코넛을 따는 실력도 거의 로빈슨에 육박한다. 이 경우 로빈슨은 로봇을 작동하기 위한 최소한의 노동만 하면 코코넛을 딸 수 있다. 로빈슨이 로봇을 통해 코코넛을 따는 경제가 어떻게 굴러갈지 생각해 보면 볼록한 경제와 다른 많은 것을 발견할 수 있다.

우선 로빈슨이 생산자로서 의사 결정을 한다면 그는 로봇을 통해 코코넛을 최대한 많이 따서 팔려고 할 것이다. 그래야 자신이 이윤을 가장 많이 올릴 수 있기 때문이다. 생산자로서 로빈슨은 이렇게 행동한다. 하지만 로빈슨이 코코넛을 무한정 먹지는 않는다. 코코넛을 따서 이윤을 아무리 많이 올리더라도 자신이 먹을 수 있는 코코넛은 한정되어 있다. 로빈슨이 소비자로서 행동한다면 자신이 먹을 수 있을 만큼의 코코넛을 따오도록 로봇을 작동한 후 나머지 시간은 여가를 즐기려고 할 것이다.

• 보다 현실적이고 직관적인 것은 로빈슨이 로봇을 하나 만드는 것이지만 여기서는 어느 날 로봇도 무인도로 표류해 왔다는 가정에서 논의를 전개한다.

로봇이 없었을 때 로빈슨 크루소 모형에서 로빈슨은 한 번은 생산자로서 또 한 번은 소비자로서 행동하였다. 그리고 생산하는 물건의 양과 소비하는 물건의 양은 균형을 이루었다. 하지만 로봇이 등장하면 이런 행동 방식을 설명하기 어렵다. 로빈슨이 로봇을 작동할 때는 코코넛을 얼마나 따야 이윤을 가장 많이 올릴지 알기 어려워진다. 한번 노동을 투입하면 코코넛을 계속 딸 수 있기 때문에 수요를 파악하기 전에는 어디서 코코넛 따기를 중단해야 할지 판단하는 것은 불가능하다. 로빈슨은 자신의 수요를 확인한 후에야 자신이 생산하는 코코넛 양을 정할 수 있다. 즉, 서로 분리된 의사 결정을 해서는 균형을 이루기 어려워진다.

생산을 하는 모양도 달라진다. 로빈슨이 로봇을 이용해 코코넛을 딸 때는 오래 딴다고 해서 생산성이 떨어지지 않는다. 인공 지능 바둑 기사 알파고의 경우처럼 일정한 시간을 일할 때 똑같은 생산성이 유지되는 것이 로봇이다. 이 경우 생산 가능 곡선은 볼록한 곡선이 아닌 평평한 직선이 된다.

로빈슨이 이 경우에도 분권화된 의사 결정을 한다고 생각해 보자. 로봇을 작동시키는 데 필요한 시간당 비용과 로봇이 코코넛을 따는 생산성을 비교하여 코코넛을 얼마나 딸지 결정한다. 로봇을 작동시키는 데 들어가는 비용이 로봇이 딴 코코넛의 가치보다 낮다면 로빈슨은 코코넛을 많이 딸수록 이익이다. 이때 로빈슨은 최대한 많은 양의 코코넛을 따려고 할 것이다. 그림 4-4에서 생산 가능 곡선의 기울기는 로봇이 노동을 1시간 할 때 딸 수 있는 코코넛의 양이다. 임금선의 기울기는 노동을 1시간 할 때 지불해야 하는 일종의 임금이다.•

• 로봇이 코코넛을 따더라도 최소한의 인간의 노동은 필요하다. 임금은 여기에 대해서 지불하는 비용이다.

그림 4-4

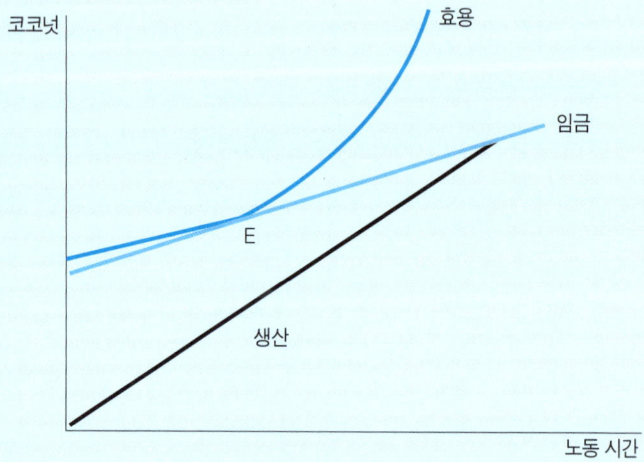

생산 가능 곡선의 기울기보다 임금선의 기울기가 작다는 것은 로봇을 고용해 코코넛을 따면 항상 이득이라는 것을 의미한다. 이때 로빈슨은 로봇을 최대한 작동시켜 코코넛을 최대한 많이 따려고 할 것이다. 반대로 생산 가능 곡선의 기울기보다 임금선의 기울기가 크다면 고용을 해서 코코넛을 딸 때마다 임금으로 지불하는 것이 더 많아서 손해를 보게 된다. 이때 기업을 운영하는 사람으로서의 로빈슨은 로봇을 고용하지 않고 코코넛 따기를 포기할 것이다. 이처럼 생산자로서의 의사 결정은 최대한 고용을 하든지 아니면 사업을 중단하는 것이다. 볼록한 경제처럼 점진적으로 고용의 양을 줄이는 의사 결정을 하지 않고 '도 아니면 모' 식의 의사 결정을 하게 된다.

로빈슨이 소비자로서 의사 결정을 할 때는 종전과 달라진 점이 없다. 임금이 주어지면 로빈슨은 적당한 만큼 일을 해서 코코넛을 먹고 나머지 시간은 여가를 즐기려 할 것이다.• 생산자로서는 '도 아니면 모' 식의 의사 결정을 하는데, 소비자로서는 여가와 소득을 적당히 배분하는 의사 결정을 한다면 균형은 날성될 수 있다. 그림 4-4에서 보면 임금이 주어지면 로빈슨은 'E' 점에서 소비를 하려고 한다. 적당히 일을 하고 쉬는 것이다. 그런데 생산자로서 로빈슨의 노동에 대한 수요는 훨씬 많다. 이런 상태에서는 소비점과 생산점이 일치하지 않아 경제 내에 균형이 달성될 수 없다. 이 경우 임금은 생산 가능 곡선의 기울기와 일치할 때까지 계속 올라간다. 이보다 임금이 낮을 때는 경제 내에서 수요과 공급이 일치하지 않기 때문이다

임금이 올라 생산 가능 곡선의 기울기보다 가팔라진다면 기업가로서의 로빈슨은 생산을 중단할 것이다. 코코넛을 따봤자 손해를 보는데 굳이 사업을 할 이유가 없다. 하지만 이때도 소비자로서의 로빈슨은 노동을 일정 부분 하려고 할 것이다. 이 때문에 역시 균형은 존재하지 않는다.

임금선과 가격선이 일치할 때 로빈슨은 생산자로서 의사 결정을 한다면 생산 가능 곡선의 어느 점에서 생산하더라도 이윤은 똑같이 0이 된다. 특정한 양을 생산할 이유가 없다. 하지만 소비자로서 의사 결정을 할 때는 효용을 나타내는 무차별 곡선과 임금과 이윤을 합한 예산선이 접하는 점에서 소비를 하려고 할 것이다.

로빈슨이 생산자로서 의사 결정을 할 때는 임금과 생산 가능 곡선의 기울기가 같고 또 모두가 평평해 이 곡선 어디에서 생산을 하든지 이윤은 똑같다.

• 로빈슨이 최소한의 노동을 하고 받는 보수를 소득으로 볼 수 있다. 이윤과 임금을 합한 것이 로빈슨의 소득이 되는 것과 비슷하게 생각할 수 있다.

즉, 로빈슨이 생산자로서 의사 결정을 할 때는 굳이 특정한 점에서 생산할 이유가 없다는 이야기이다. 하지만 소비자로서 행동할 때는 효용을 극대화시키기 위해 어느 정도의 생산을 해야 한다.

결론적으로 로봇이 있는 경제에서 로빈슨이 한 사람으로서 종합적인 의사 결정을 한다면 자신이 소비할 만큼 생산을 하고 나머지 시간은 여가를 즐기는 의사 결정을 할 수 있다. 로봇의 존재가 로빈슨이 한층 더 여가를 즐길 수 있도록 만들어 주는 효자 노릇을 한다. 하지만 로빈슨이 생산자와 소비자로서 서로 독립적으로 의사 결정을 한다면 머리가 복잡해진다. 뿐만 아니라 생산과 소비를 일치시키는 의사 결정을 하는 것은 매우 어려워진다. 시장 경제의 가장 중요한 원리인 분권화된 의사 결정이 경제 내에 효율성을 가져다주기 어려운 상황에 처하게 된 것이다.

로빈슨 같은 사람들이 수없이 많이 존재하는 경제로 상황을 바꾸더라도 문제와 해결 방법은 동일하다. 평평한 경제에서는 생산자가 수요를 파악해야만 물건을 얼마나 만들 수 있을지 정할 수 있다. 생산과 소비를 맞추어 주는 가격 기능이 제대로 작동하지 않기 때문에 수요를 파악하지 못하고 생산할 경우에는 시장에서 생산량과 소비량은 일치하기 어렵다. 로빈슨 크루소 모형은 분권화된 의사 결정을 통해 경제 전체적으로 효율적인 균형이 이루어진다는 것을 보여 준 시장 경제의 전형적인 모형이다. 그런데 인공 지능이 등장해 생산을 하는 경우에는 이 모형의 유효성이 크게 떨어진다는 것 또한 사실이다. 로빈슨 모형에서 발생하는 문제들이 경제 현실에서 구체적으로 어떻게 나타나는지 살펴보자.

4

성장과 거꾸로 가는 고용

경제에서 성장과 고용은 동전의 양면이다. 성장이 지속되면 고용도 늘어나고 성장이 멈추면 고용도 정체된다. 성장의 목적은 고용이라고 할 정도로 고용은 경제에서 매우 중요하다. 한 나라가 국민들에게 일자리를 제공하지 못한다면 이는 경제적인 문제뿐만이 아니라 정치적, 사회적으로도 큰 문제가 될 수 있다.

자본주의 경제에서 경기의 호황과 불황이 반복되는 것은 필연적인 현상이었다. 경기 변동과 관련된 연구가 그동안 활발하게 진행되었지만 자본주의 경제에서 왜 어떤 이유로 어떻게 경기가 변동되는지는 명쾌하게 설명하지 못하였다. 경기 변동과 관계가 깊은 것이 실업이다. 실제로 경제가 호황이면 기업이 채용을 늘리고, 불황 때는 채용을 줄인다. 정부가 각종 정책을 동원해 성장을 유지하려고 하는 것도 성장과 고용이 밀접한 관련이 있기 때문이다. 성장이란 국내 총생산(GDP)으로 측정된다. 전년도 국내 생산보다 올해 생산이 10% 많다면 성장률은 10%가 된다. 10%만큼 성장률을 높이기 위해서는 경제 내에 존재하는 노동과 자본이 더 많이 투입되어야 한다. 놀고 있는 사람을 일하게 만들고, 집안에 쌓아 놓고 있는 돈을 생산적인 투자로 연결시키면 생산은 늘어나고 성장률은 올라간다.

성장을 일으키는 또 하나의 요소는 기술 진보이다. 똑같은 노동과 똑같은 자본이 들어가더라도 기술이 발전하면 만들어 내는 물건은 늘어난다. 기술 진보를 통한 성장은 고용을 줄일 수도 있다. 기술 진보를 통해 새로운 기계가 들어서면 사람 일을 대신할 수 있다. 이런 경우 고용은 줄어들면서도 경제가 만들어 내는 물건의 양은 늘어날 수 있다.

성장과 고용의 관계는 결국 생산에 투입되는 사람과 자본이 계속 늘어나는 현상과 새로운 기술로 생산성이 높아지는 경우 중 어느 것이 성장을 주도적으로 이끄는지에 달려 있다. 경제가 성장하면서 사람과 자본이 투입되는 것이 많아지면 성장과 고용은 동시에 증가하지만 사람을 대체하는 기술의 발달이 성장을 주도하면 성장과 고용은 거꾸로 갈 수도 있다. 급기야 인공 지능이 인간의 노동을 거의 완벽하게 대체해 가는 '평평한 경제'에서는 고용과 성장이 거꾸로 가는 현상이 심해진다. 기계가 사람을 대체하는 속도가 빨라질 때 이런 현상이 발생한다.

고용과 거꾸로 가는 성장에 대한 염려는 1차 산업혁명 때부터 있었다. 당시 1사람이 물레로 실을 뽑던 생산 공장에서 방적기가 도입되었다. 방적기를 이용하면 1사람이 종전보다 훨씬 더 많은 실을 한꺼번에 뽑을 수 있었다. 기업주는 고민에 빠진다. 종전에 하루에 8kg의 실을 뽑기 위해서는 물레 8개와 사람 8명이 필요했지만 이제는 방적기 1대와 사람 1명만 있으면 된다. 어떤 기술을 택할 것인가는 방적기의 가격에 달려 있다. 방적기 1대의 값이 물레 8개의 가격과 사람 7명의 임금보다 낮다면 기업주는 근로자 7명을 해고하고 물레를 팔아 방적기를 사서 실을 뽑을 것이다. 이 경우 7명의 근로자는 일자리를 잃게 된다. 방적기라는 기계가 사람 7명의 노동을 대체하는 것이다. 이때도 단기적으로 생산과 고용 간의 괴리가 발생한다. 방적기의 도입으로 생산은 늘었지만 많은 사람들이 일자리를 잃었다. 과학 기술의 발달이 사람을 불행하게 만들 수 있다는 생각을 갖게 된 것도 이때이다.

1차 산업혁명 당시 영국의 노동자들은 기계를 부수는 '러다이트(Luddite) 운동'•을 벌였다. 기계를 없애야 고용을 유지할 수 있다고 생각하였기 때문이다. 기업주는 고용보다는 이윤을 높이는 게 우선이다. 사회 전체적으로 실업자가 늘더라도 기계를 활용해 물건을 싼값에 많이 생산할 수 있다면 그 길을 택한다. 기계가 사람을 대체할수록 근로자는 고용 불안에 시달린다. 노동자들이 노조를 결성하고 기업주와 협상을 하게 된 원인 중의 하나도 러다이트 운동에서 비롯되었다. 기술의 발달과 기업주의 생산을 늘리려는 욕구, 이로 인해 발생하는 실업은 기술 변화가 급속하게 발생하는 산업혁명기에는 매번 발생하였다. 전기 활용으로 생산력을 높인 2차 산업혁명기와 컴퓨터와 정보 기술의 발달로 생산성이 높아진 3차 산업혁명기에도 비슷한 상황이 전개되었다.

새로운 기술의 발달로 처음에는 실업의 고통을 느끼겠지만 그렇다고 실업이 항구적인 것은 아니었다. 산업 구조가 농업 중심의 1차 산업에서 제조업 중심의 2차 산업 위주로 바뀌면서 노동력을 필요로 하는 산업이 달라졌다. 1차 산업 종사자가 2차 산업으로 이전하는 현상이 발생한 것이다. 경제 전체적으로 놓고 보면 1차 산업혁명으로 제조업이 발달하는 과정에서 총고용은 줄어들지 않았던 것으로 파악된다. 단기적인 실업의 충격이 있었지만 결국 시간을 두

• 1811~1812년 영국에서 발생하였던 노동자들의 기계 파괴 운동이다.

고 고용이 늘어나는 방향으로 경제가 움직였다.

4차 산업혁명 시대에도 기계가 사람을 대체함으로써 발생하는 문제는 본질적으로 이전과 똑같다. 문제는 속도이다. 이전에 기계가 사람을 대체하는 속도보다 훨씬 빠르게 기계가 사람을 대체하는 시대가 4차 산업혁명이다. 기계가 인간을 대체하는 속도와 강도는 한층 빨라지고 세졌다. 인공 지능을 탑재한 기계가 하나 발명되면 이 기계는 고용 인력 수십 명을 대체할 수 있다. 똑같은 물건을 만들 때 사람보다 로봇이 일을 더 잘하면 굳이 사람을 고용할 필요는 없다. 기계가 노동을 대체하는 한계 대체율이 급속히 올라간다.

과거 기계가 사람을 대체하는 것은 제조업에 국한되었다. 하지만 4차 산업혁명이 본격화하면 제조업뿐만 아니라 서비스업까지 기계가 사람을 빠른 속도로 대체할 전망이다. 이 과정에서 수많은 직업이 인공 지능으로 인해 사라질 위기에 처하였다. 예를 들어, 컴퓨터 바둑 기사 알파고와 우리나라 바둑 최강자 이세돌 기사 간의 대결에서 알파고가 이기면서 수많은 바둑 기사들이 설 자리를 잃을 수도 있다. 주가 전망을 예측하는 로봇 애널리스트까지 등장하였다. 글로벌 업체인 아마존은 사람이 없는 무인 점포를 계속 늘려 가고 있다. 인공 지능으로 인해 일자리를 잃는 사람들이 어느 정도까지 늘어날지 가늠하기 힘들다. 각국 정부가 경제 정책의 초점을 성장에서 일자리 중심으로 바꾸겠다는 것도 이 같은 위기감을 반영한 결과이다.

기계가 물건을 만들면 생산은 기하급수적으로 늘어나지만 이와 비례해 일자리를 잃는 근로자도 빠른 속도로 늘어난다. 그렇다고 제조업에 종사하던 근로자가 인공 지능 로봇을 만드는 부문에 취직하기도 쉽지가 않다. 워낙 기술이 빨리 변하고 새로운 기술을 습득하는 데 시간이 많이 걸리기 때문이다. 뉴

그림 4-5

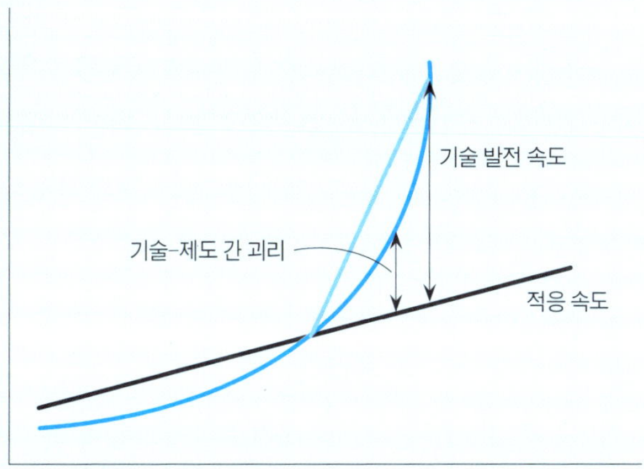

출처: 토마스 프리드만 저, 장경덕 역(2017), 『늦어서 고마워』, 21세기북스.

욕 타임즈 칼럼니스트인 토머스 프리드먼은 이런 시대를 '가속의 시대'라고 불렀다.• 가속의 시대는 시대의 변화상이 인간의 인식 발달을 능가하는 시대이다. 사람의 인식은 선형적으로 발전하지만 과학 기술을 비롯한 세상의 변화는 지수 함수적으로 발전하기 때문이다. 그림 4-5에서 보면 기술 발전 속도와 사람의 적응 속도가 표현되어 있다. 사람의 적응 속도는 시대가 변하면서 발전한다고 해도 1차 함수 그래프의 기울기를 바꾸는 수준이다. 하지만 기술의 변화 속도는 지수 함수••적으로 움직이기 때문에 시간이 갈수록 급속히 올

• 토마스 프리드만 저, 장경덕 역(2017), 『늦어서 고마워』, 21세기북스.
•• 지수함수(exponential function)란 거듭제곱에 있는 지수를 변수로 하는 함수를 말한다. 가장 일반적인 형태는 $y=e^x$와 같은 형태를 띤다. 이때 x가 증가할수록 y는 기하급수적으로 증가한다.

라간다.

이처럼 '가속의 시대'에는 사람의 인식이 기술을 따라가는 것은 거의 불가능해진다. 인간의 의식 변화가 기술의 변화를 따라잡기가 어려워진다. 일자리는 로봇에 의해 급속히 대체되지만 사람이 변화를 인식하고 새로운 직업을 준비하는 것은 매우 어려워지는 시대가 왔다는 의미이다. 종전의 실업 정책은 실업 기간중에 근로자들이 먹고살면서 새로운 직업을 준비할 수 있도록 돈과 교육 등을 지원해 주는 것이 주를 이루었다. 4차 산업혁명기에는 이런 실업 대책이 얼마나 효과를 발휘할 수 있을지 의문이다. 기술 진보로 발생하는 경제 성장과 고용 간의 상충 문제를 근본적으로 해결해야 할 시점이다. 고용에 초점을 둔 정부의 정책이란 이런 문제를 근본적으로 해소하는 대책이어야 한다. 종전처럼 정부가 재정에서 돈을 풀어 일자리 몇 개를 만든다고 해결될 문제가 아니다. 인공 지능의 발달로 도래하는 평평한 경제에서 실업은 항구적이고 영속적인 문제가 된다. 과거 어떤 산업혁명기보다도 심각한 사회 문제로 대두되는 것이다.

5

물건이 팔리지 않는다

자본주의 시장 경제를 설명하는 가장 근본이 되는 법칙 중 하나는 '세의 법칙'(Say's Law)이다.[•] '공급은 자신의 수요를 창출한다'는 주장이다. 이론은 간단하다. 2명이 있는 경제를 생각해 보자. A는 빵을 만들고 B는 구두를 만든다. 생산은 한 종류만 하지만 둘 다 빵과 구두가 필요한 사람들이다. A가 빵을 10개 만들었는데 5개를 먹고 나머지 5개는 구두를 사려고 한다. B도 구두 10켤레를 만들어 5켤레는 자기가 신고 나머지 5켤레는 빵과 바꾸려고 한다. 2명이 존재하는 경제에서 빵과 구두의 수요는 총 10이고 공급도 10이다. 경제는 균형이 된다. 그런데 A가 빵을 12개를 만들었다고 하자. B는 예전과 마찬가지로 구두 10켤레를 만들었다. A는 빵 7개를 내놓을 것이고 B는 구두 5켤레를 내놓아 교환이 이루어진다. 이때 구두에 대한 빵의 상대 가격은 낮아진다. 이처럼 A가 빵을 더 많이 만들었다고 해서 이 빵이 사라지는 것은 아니다. 누군가 소비를 하게 된다. 이때 역할을 하는 것이 가격 메커니즘이다. 구두 시장에서는 가격의 변동이 없지만 빵 시장에서는 초과 공급이 발생해 빵값이 상대적으로 떨어

[•] 프랑스 경제학자 장 바티스트 세(Jean Baptiste Say, 1767~1832)가 제기한 주장이다.

지는 것이다.

설사 한 해 빵의 초과 공급이 발생해 소비가 안 된다고 하더라도 이를 목격한 A는 다음번에 빵 공급을 조정한다. 팔리지도 않을 빵을 만들 이유가 없기 때문이다. 세는 이런 아이디어를 활용해 시장에서 초과 수요나 초과 공급이 계속적으로 이루어지는 경우는 없다고 보았다. 공급이 수요를 창출한다는 말은 시장에서는 항상 수요와 공급의 균형이 이루어진다는 것의 다른 말이다.

세의 법칙은 종전에도 많은 사람들로부터 비판을 받았다. 가장 대표적인 사람이 존 메이너드 케인스이다. 케인스는 공급과 수요가 각각 다른 원칙에 의해 형성되기 때문에 시장에서 항상 균형을 이루는 것은 아니라고 보았다. A가 빵을 10개 만들어 파는데 그의 구두에 대한 수요는 올해 5개로 정해져 있다고 보면 이야기가 달라진다. 우연히 B가 시장에 구두 5켤레를 내놓으면 시장은 균형이 되겠지만 7켤레를 내놓는다면 2켤레는 팔리지 않는다. 시장이 불균형 상태에 놓이게 되는 것이다. 세의 법칙이 적용되는 경우라면 안 팔리는 구두를 목격한 B는 다음에는 구두를 5켤레만 내놓는다.

하지만 케인스는 다음번의 구두 수요는 또 다른 이유에 의해서 결정된다. 다음번에 B가 구두를 5켤레 내놓았는데 A의 구두에 대한 수요가 3켤레에 불과하다면 시장은 또 불균형 상태가 된다. 케인스가 상정한 세계에서는 이처럼 수요와 공급이 각각 다른 원리에 의해 결정되기 때문에 균형을 이루는 경우는 거의 없다고 보았다. 특히, 중간에 화폐가 끼어들면 더 균형을 맞추기 어렵다. 화폐가 있는 경제에서 A는 구두 5켤레가 필요하다고 해서 이를 얻기 위해 빵을 만드는 것이 아니고 100원의 돈을 벌기 위해 빵을 만든다. 빵 5개를 팔아서 100원을 벌 수 있을지도 불확실하고 또 100원을 벌었다고 해서 이 돈으로 구두 5

켤레를 살 수 있을지도 불투명하다. 이 때문에 경제 내에서 수요와 공급이 맞아 균형을 맞추기는 매우 어렵다는 게 케인스의 시각이다.

두 가지 시각은 격렬한 논쟁을 벌이면서 발전해 왔지만 아직까지 어느 한 쪽이 승리하지는 못했다. 케인스는 정부가 시장에 개입해 불균형 문제를 해소해야 한다고 보았고, 세의 법칙을 지지하는 쪽에서는 정부의 개입이 시장을 왜곡한다고 비판하였다. 정부가 개입하지만 않는다면 시장은 균형을 찾아간다는 게 그들의 이론적 근거이다. 기존 경제학 패러다임의 가장 중요한 부분은 수요와 공급이다. 수요와 공급은 동전의 양면이다. 케인스는 수요 측면을 강조한 반면 세는 공급 측면을 강조한 것이다.

그런데 4차 산업혁명으로 인해 인공 지능(AI)이 등장하면 이런 이론들을 근저에서부터 부정한다. 예를 들어, 위의 예에서 빵은 사람인 A가 만드는데, 구두는 인공 지능 로봇인 B가 만든다고 생각해 보자. A는 마찬가지로 빵을 10개 만들어 5개는 자신이 먹고 나머지 5개는 팔아서 구두를 사려고 한다. 그럼 B는 어떤 생각을 하고 구두를 만들까. 예전처럼 10켤레를 만들어 5켤레를 시장에 내놓지는 않을 것이다. 왜냐하면 인공 지능이 구두 5켤레를 소비할 리 없기 때문이다. 그럼 5켤레만 만들어 빵 5개와 교환을 할까. 이것도 아니다. AI는 빵이 필요하지 않으므로 굳이 교환을 할 필요가 없다. 그럼 B가 구두를 전혀 만들지 않으면 어떻게 될까. B는 빵이나 구두를 소비하지 않기 때문에 문제될 것이 없다. 하지만 A는 빵 10개를 혼자서 다 소비해야 하고 신을 구두가 없이 맨발로 생활해야 한다.

구두를 살 수 없다면 A는 굳이 빵을 10개 만들 이유가 없다. 다음번에는 빵 5개를 만들어 자기가 먹고 구두는 없이 살거나 아니면 빵 만들고 남는 시간에 자신이 필요한 구두를 만들려고 할 것이다. 하지만 빵 만드는 전문가인 A는 남는 시간에 구두를 만들더라도 5개까지 만들지는 못할 것이다. 기껏 구두 하나 정도 만들 수 있을 것이다. 이처럼 AI의 등장은 세의 법칙을 붕괴시킨다. A가 빵 10개를 만들어도 5개는 전혀 소비되지 않는다. 가격을 낮춘다고 소비될 수 있는 것도 아니다. 인공 지능의 등장은 시장을 만성적이고 치명적인 불균형 상태로 만든다. 시장에서의 교환도 불가능하게 된다.

이 경우 AI의 등장은 경제를 성장시키는 것이 아니라 오히려 심하게 수축시킬 가능성이 높다. 위의 예에서 보듯이 사람이 생산해 교환하는 경제에서는 빵 10개와 구두 10켤레가 만들어져 2명이 이를 소비할 수 있었다. 하지만 AI의 등장으로 교환이 어려워지면 A는 결국 자급자족을 할 수밖에 없고 이 경우 이 경제에서는 빵 5개와 구두 1켤레만 생산된다. AI의 등장으로 생산성은 비약적으로 높아졌지만 오히려 경제는 심하게 수축되는 모순적인 상황이 발생한다. 이 문제를 어떻게 풀어야 할지 세의 법칙을 신봉하는 시장주의적 경제학자들이 답을 내놓기는 어려운 상황이다. 세의 법칙의 붕괴가 의미하는 것은 시장을 대체하고 보완할 수 있는 새로운 자원 배분 방식의 필요성이다.

6

스미스와 케인스를 넘어서

경제에서 수요와 공급의 불균형 문제를 이야기한 것은 4차 산업혁명 때가 처음은 아니다. 자본주의 경제에서 수요 부족 문제는 불황 때마다 매번 제기되었다.

역설적이지만 자본주의 경기 사이클상 불황과 공황이 발생하는 것은 물건이 부족해서가 아니라 물건이 남아돌아서이다. 이는 결국 경제 내에 수요가 부족하다는 것을 의미한다. 물건을 사려는 수요는 없는데 물건을 많이 만들면, 결국 이 물건은 팔리지 않고 물건을 만들어 낸 기업은 망하게 된다. 이런 일들이 연쇄적으로 일어나는 것이 자본주의의 불황이고, 그 불황이 심화된 것이 공황이다.

존 메이너드 케인스는 1920년대 후반에 발생하였던 미국의 대공황을 설명하면서 유효 수요의 부족으로 인해 공황이 발생했다고 주장하였다.• 케인스 이전의 고전학파 경제학자들은 경제 내에서 가격이 신축적으로 작동하기 때

• 유효 수요란 경제 내에서 실제 물건을 구입할 의사와 능력이 있는 수요를 말한다. 내가 막연히 좋은 집에 살고 싶다고 꿈꾸는 것은 유효 수요가 아니다. 나의 소득 범위 내에서 물건을 실제 사고자 하는 수요가 유효 수요에 해당된다.

그림 4-6

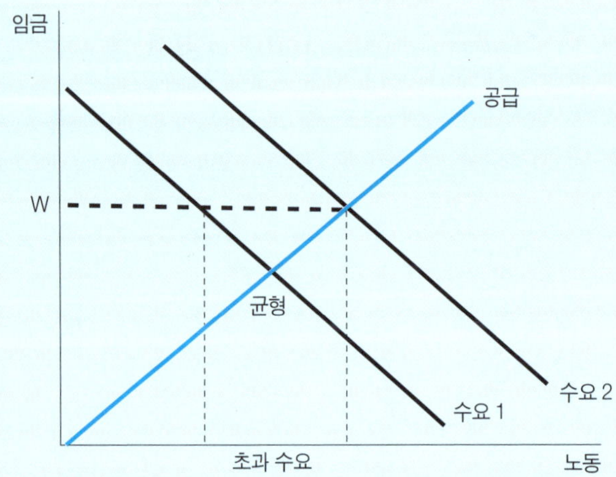

문에 수요와 공급은 항상 일치한다고 보았다.• 하지만 케인스는 가격이 항상 신축적으로 움직이는 것은 아니며, 경제에 충격이 있을 때 가격 변수가 제대로 작동하지 않는 '가격의 경직성'•• 때문에 경제 내에 수요와 공급이 항상 일치하지 않을 가능성이 높다고 보았다. 이 때문에 경제 내에 유효 수요가 부족하면 공급과의 괴리가 발생해 공황으로 치달을 수도 있다고 설명하였다. 당시에 이미 볼록하고 신축적이지 않고 상대적으로 평평한 경제학을 이야기한 셈이다.

• 세와 같은 학자가 대표적인 경우이다.

•• 가격의 경직성(sticky price)이란 경제적 상황이 변하였을 때 가격이 일정 기간 동안 변하지 않는 것을 일컫는다. 예를 들어, 레스토랑에서 소고기값이 올라도 일정 기간 그들이 만드는 스테이크의 가격은 유지한다. 고객을 유치하기 위한 목적도 있고 메뉴를 바꾸는 데도 비용이 들기 때문이다. 원가가 올라도 제품값을 바꾸지 않는 것이 유리하다고 판단할 경우 가격은 경직적이 될 수 있다.

케인스는 당시 일종의 '평평한 경제'를 이야기하였지만 그 이유는 4차 산업혁명의 경제를 설명하는 논리와 조금 달랐다. 케인스는 경제의 불황과 실업이 존재하는 이유를 가격의 경직성에서 찾았다. 그림 4-6에서 보면 시장의 노동 공급 곡선은 우상향한다. 이때 시장은 수요와 공급이 만나는 점에서 균형을 이룬다. 그런데 임금이 한번 결정되면 아래로 내려가지 않는 경직적인 성격이 있다. 임금은 시장에서 수요와 공급에 따라 결정되는 것이 아니라 노조와 경영진 간 협상으로 결정되기 때문이다. 경기가 좋을 때 올라간 임금이 경기가 후퇴하였는데도 그대로인 경우도 있고, 노조의 협상력이 강할 때는 균형 임금보다 다소 높은 상태에서 임금이 정해지는 경우도 있다.

이런 이유 때문에 임금이 균형 임금보다 높은 W 수준에서 결정된다면 이때 노동의 공급량은 늘어나고 수요량은 줄어든다. 노동 시장에서 공급이 수요보다 많으니 결국 초과 공급이 생겨나는 만큼이 실업으로 귀결된다. 실업이 발생하면 경제 전체적으로 물건을 살 수 있는 능력을 의미하는 유효 수요가 줄어들고, 이는 경제를 불황에 빠뜨린다는 논리이다. 케인스는 당시에도 시장 경제 내에서 가격이 경직적으로 움직일 가능성이 높다고 보고, 이 경우 노동의 공급은 그림 4-6처럼 특정 가격에서 평평해진다고 주장하였다. 그는 이처럼 평평한 구간에서는 시장에서의 가격이 탄력적으로 움직이지 않아 시장에만 맡겨 둘 경우 실업과 불황은 만성적인 현상이 될 가능성이 높다고 지적하였다.

그가 해결책으로 제시한 것이 유효 수요를 인위적으로 늘리기 위한 정부 재정의 투입이다. 정부가 재징을 풀어 생산을 늘리면 국내 총생신(GDP)은 그만큼 늘어난다. GDP가 늘어난 부분은 경제 내의 사람들에게 소득을 늘려 준다. 소득이 늘어난 사람들은 소비를 계속 늘린다. 소비가 늘어나면 이 부분만큼 경제 내에 생산이 늘어난다. 늘어난 생산은 다시 소득을 늘리고 이는 소비를 또 늘린다. 이런 현상이 반복되면서 경제 내에서는 정부가 늘린 재정 지출보다 생산이 훨씬 더 많이 늘어난다.•

일시적으로 정부 재정을 투입해 유효 수요가 늘어나면 이를 통해 생산이 늘어나고 이때부터 수요와 공급 간의 선순환 고리가 작동할 수 있다는 것이다. 이것은 그림 4-6에서 보면 정부의 재정 투입을 늘려 노동에 대한 수요 곡선을 위로 올려주는 정책이다. 일반적으로 근로자들의 노동 공급 곡선이 오른쪽으로 올라가는 구간에서는 수요의 증가는 임금의 증가를 유발한다. 하지만 근로자들의 노동 공급 곡선이 평평할 때는 수요를 늘리더라도 임금의 증가를 유발하지 않고 고용은 더욱 많이 늘어난다. 이것이 케인스의 아이디어였다.

케인스의 아디이어 중 또 하나는 경제 내의 통화량을 늘려 인위적으로 인플레이션을 유발하는 것이다. 그림 4-6에서 정부가 통화량을 늘려 인플레이션을 유도할 경우 근로자들의 실질 임금은 줄어든다. 받는 소득은 같아도 물가가 오르기 때문이다.•• 근로자들의 실질 임금이 줄어들면 고용주들은 고용을 늘린다. 이 그림에서 수요 곡선이 위로 이동하는 것과 같은 효과가 발생한다.

케인스와 그의 이론을 따르는 사람들은 이런 경우 기업주들과 근로자 간 정보의 비대칭성이 발생한다고 주장하였다. 예를 들어, 통화량이 증가해 인플레이션이 발생하면 근로자 입장에서는 실질 임금이 줄어들기 때문에 노동 공급을 줄이는 것이 맞다. 하지만 근로자들은 경영진보다 상대적으로 정보에 둔감하다. 아울러 화폐에 대한 환상•••을 가지고 있어서 명목 임금이 곧 실질 임

• 케인스는 이런 과정을 일컬어 승수 효과(multiplier effect)라고 불렀다.
•• 그림에서 임금은 실질 임금을 나타낸다.

금이라고 보는 경우가 많다. 이런 이유 때문에 경제 내에 통화량이 늘어나 인플레이션이 발생할 경우 명목 임금 기준으로 임금이 오르면 근로자들은 노동 공급을 늘린다. 결국 기업주들은 실질 임금의 변화에 따라 노동 수요를 조절하지만, 근로자들은 명목 임금의 변화에 따라서 움직이기 때문에 통화량을 늘리면 실질 임금은 하락하고 이를 통해 기업주들이 고용과 생산을 늘리게 된다는 논리이다.

실제로 미국은 대공황기에 국가 재정을 투입해 대규모의 인프라 사업을 진행함으로써 공황을 탈피하고자 노력하였다. 정부의 정책이 얼마나 약발이 있었는지는 논란이 있지만 자본주의 경제의 수요 부족 문제를 제기한 케인스의 시각은 이후에도 경제학에서 많이 회자되는 부분이다.

그런데 4차 산업혁명 시기에는 유효 수요 부족의 문제가 상시화될 수 있다. 로봇이 생산 현장에서 인간을 대체하기 시작하면 대규모 실업이 불가피하다. 인공 지능으로 많은 사람들이 일자리를 잃어버리는 현상이 벌어지면 경제 내에서는 만성적인 유효 수요의 부족 문제가 더욱 심해진다. 또 생산자와 소비자가 서로 다른 판단을 할 경우 인공 지능의 개발로 생산은 크게 늘어났지만 실업이 늘어나면서 그 물건을 살 수 있는 사람은 줄어들 수도 있다. 이때는 경제 전체적인 공급과 유효 수요 간의 괴리가 발생해 경제가 점점 쪼그라드는 악순환이 생겨날 수 있다.

이때는 정부가 나서서 돈을 풀어 수요를 늘리고 생산을 늘리는 케인스적

●●● 화폐 환상(money illusion)이란 화폐의 명목 가치와 실질 가치가 같다고 믿는 경향을 말한다. 예를 들어, 물가가 10% 오르면 종전의 임금 100원의 가치를 현재의 명목 단위로 표시하면 110원이 된다. 하지만 실질 가치는 100원으로 동일하다. 이때 기업가가 임금을 110원으로 올려주면 근로자는 임금이 10%만큼 올랐다고 믿는다. 이런 경우가 화폐 환상에 해당된다.

정책을 편다고 해도 수요가 늘지 않는다. 반면 공급은 인공 지능 로봇의 발달로 무제한적으로 늘어날 가능성이 커졌기 때문에 상대적으로 수요와 공급 간의 괴리는 갈수록 커진다. 가격의 경직성에 따라 유효 수요가 부족해지는 것이 아니고 절대적으로 유효 수요가 부족한 시대가 오는 것이다. 애덤 스미스도 케인스도 이런 부분에 대해서는 명확히 설명하지 않았다. 새로운 패러다임이 필요한 시대가 온 것이다.

7

정부 정책의 새 패러다임

18세기에 자본주의 경제 체제가 확립되는 과정에서 시장 경제의 주 세력인 상공인들은 정부의 시장 개입에 대해 알레르기적 반응을 보여 왔다. 특히, 가격을 왜곡시키는 정책은 매우 해로운 것이라고 생각하였다. 한마디로 정부의 시장 개입은 '득보다 실이 많다'는 것이다. 정부가 할 일은 사적 재산권과 시장에서의 거래의 자유를 보장하고 경쟁을 촉진하는 것에 국한되어야 한다는 것이다. 또 특정 세력이나 특정 이유로 인해 가격 메커니즘이 제대로 작동하지 않는 경우를 미연에 방지하는 것도 정부의 역할이다. 예를 들어, 가격이 경직적이면 이를 보다 유연하게 만들어 주고, 노조와 경영진 간에 마찰이 발생하면 이를 중간에서 중재해 주는 것 등이다.

이처럼 정부의 경제 개입에 반감을 갖고 있는 자본주의 시장 경제라도 정부가 불가피하게 시장에 개입해야 하는 경우가 있다. 첫 번째가 자원 배분과 관련된 것이고, 두 번째는 경기 변동과 관련한 부분이다. 우선 국방, 공원, 환경 등과 같은 공공재(public good)• 등은 시장 경제 시스템으로 만들기 어렵다.

• 공공재의 두 가지 특징은 비배제성(non-exclusivity)와 비경합성(non-compatibility)이다. 전자는 내가 공공재를 소비할 때 다른 사람을 배제할 수 없다는 의미이고, 후자는 내가 공공재를 소비할 때 다른 사람과 경쟁하지 않

이런 재화는 자신이 소비한다고 해서 다른 사람의 소비를 막거나 제한할 수 없기 때문에 많은 사람들은 다른 사람들이 먼저 구매하기를 바란다. 이를 '무임승차의 문제'•라고 부른다. 예를 들어, 내가 내 재산을 보호하기 위해 막대한 비용을 지불해 경찰과 군대를 조성하여 치안과 국방이라는 서비스를 만들었다면 내 주변에 있는 사람도 같은 혜택을 보게 된다. 이 경우 서비스를 만든 사람은 나인데 주변 사람들은 공짜로 이 서비스를 누리게 되므로, 나도 다른 사람이 먼저 이런 서비스를 만들기를 기다리게 된다. 모든 사람이 비슷하게 행동한다면 사회 전체적으로는 필요한 서비스가 제공되지 않을 수도 있다.

두 번째는 생산과 소비의 외부성••이 있는 경우이다. 어떤 기업이 생산을 하면서 폐수를 내보내는 경우가 대표적인 외부성의 사례이다. 이 기업은 폐수를 내보내면서 생산을 함으로써 기업 차원에서는 이익을 볼 수 있지만 폐수를 내려보내 사회적으로는 손실을 끼친다. 소비의 외부성은 어떤 사람이 담배를 피울 때 자신은 효용을 느끼지만 주변에 있는 사람들은 건강을 해치는 경우가 해당된다. 이런 외부성이 있을 때는 정부가 개입해서 외부 효과에 대해 거래할 수 있는 시장을 만들어 주거나 세금 등을 부과해 외부성으로부터 발생하는 문제를 해결하는 것이 바람직하다.

이처럼 자원 배분 과정에서 문제가 발생할 때는 정부의 개입이 정당화된다. 4차 산업혁명 과정에서 노동과 자본의 대체 관계가 심해지면서 시장의 가

는다는 의미이다.

• 무임승차(free riding)란 여러 사람이 있을 때 비용은 지불하지 않고 이익만 얻으려고 하는 행동을 말한다. 자신이 비용을 내지 않더라도 이익을 공동으로 향유할 수 있을 때 이런 행동들이 나오는 경향이 있다.

•• 외부성(externality)이란 나의 생산이나 소비로 인해 파생되는 문제로 다른 사람이 이익이나 손해를 보는 경우를 말한다.

격 형성 기능이 약해지는 경우에도 정부가 개입해 새로운 자원 배분 방식을 수립할 필요가 있다. 다만 정부가 생산을 통제하고 자원을 필요한 사람에게 직접 배분해 주는 방식은 바람직하지 않을 뿐만 아니라 복잡하고 다원화된 시대에는 가능하지도 않다. 평평한 경제 시대에 어떤 식의 자원 배분 방식을 만들어야 할 것인지는 경제학을 포함한 여러 사회 과학이 해결해야 할 중요한 과제이다.

경기 변동이 급변동할 때도 정부의 경제 개입이 필요하다. 비즈니스 사이클을 정부의 개입으로 완만하게 해줄 필요가 있기 때문이다. 경기를 조절하기 위해 재정 정책과 통화 정책을 통해 경기 사이클을 조절하는 경우가 여기에 해당된다. 그런데 재정 정책과 통화 정책의 본질은 정부만 알고 민간은 모르고 있는 정보를 활용하는 것이다. 정부와 민간이 똑같은 정보를 가지고 있다면 정책이 효과를 발휘하지 못하는 경우가 많다. 케인스의 통화 정책을 예로 들어보자. 경제가 불황에 처해 있을 때 정부는 통화량 공급을 늘려 인플레이션(물가 상승)을 유도해 경기를 띄운다. 앞서 이야기하였듯이 이 정책이 효과를 발휘하기 위해서는 근로자들이 통화량이 늘어나 인플레이션이 발생할 때 실질 임금이 올랐다고 착각을 해야 한다. 그래야 정부의 통화 정책은 효과를 발휘할 수 있다.

정부가 세금을 깎아 주거나 지출을 늘리는 재정 정책도 정보의 차이에서 비롯된다는 메커니즘은 비슷하다. 예를 들어, 정부가 올해 세금을 깎아 주면 개인들의 가처분 소득• 이 늘어난다. 소득이 늘어나면 개인들은 소비를 늘리

• 가처분 소득(disposable income)이란 소득 중에서 세금이나 의료비 등으로 지출한 것을 빼고 실제 소비와 저축에 사용할 수 있는 소득을 말한다.

고 경제는 다시 활력을 얻는다. 하지만 정부의 의도를 개인들이 간파하면 상황은 달라진다. 정부가 올해 세금을 깎아 주면 세금 수입이 줄어들어 국가 재정은 적자가 된다. 균형 재정을 이루기 위해 정부는 내년 이후 다시 세금을 늘려야 한다. 이를 간파한 개인들은 정부가 세금을 깎아 주어 가처분 소득이 늘어나더라도 소비를 늘리지 않는다. 돈을 모아두었다가 다음해에 세금이 늘면 세금을 내야 하기 때문이다. 이 경우 세금을 깎아 주고 이를 통해 국민들의 소비를 늘려 경기를 띄우려는 정부의 정책은 무력화된다. 개인들이 정부의 의도를 모를 경우에만 정책 효과가 발생한다.

정부의 재정 정책은 정부가 직접 돈을 조달하고 사업에 나서는 경우도 있다. 정부가 돈을 조달하기 위해서는 국채를 발행해야 한다. 국채를 발행해 정부 지출을 늘리면 정부 사업이 늘어나고 경제 전체적으로 고용과 생산이 늘어나는 측면이 있다. 하지만 정부가 국채를 발행하면 국채값이 떨어지고 이는 이자율 상승 요인으로 작용한다. 이자율이 오르면 민간 부문이 자금을 조달하기 어려워지고 민간의 투자는 줄어든다. 정부 지출의 증가가 민간 투자의 감소로 구축되는 효과[•]가 발생하는 셈이다. 특히, 정부가 지출을 늘린다고 발표하면 민간은 이런 구축 효과를 미리 예상하고 투자를 줄이기 시작한다. 이처럼 경기를 띄우기 위한 정부의 정책이 민간에 간파되면 재정 정책도 효과를 발휘하기 힘들다.

과거 경제에서는 정부가 민간 개인들보다 정보력에서 막대한 우위를 점하기 때문에 통화, 재정 정책을 통해 경기 사이클을 조절할 수 있다고 생각하

• 정부가 채권을 발행하면 이자율이 오르고, 이를 통해 민간 부문이 지불해야 할 이자가 늘어나는데, 이 경우 민간이 투자를 줄이는 효과를 구축 효과(crowding effect)라고 부른다.

였다. 하지만 현대로 올수록 인터넷 등이 발달하면서 민간 경제 주체들의 정보력은 상당한 수준에 이르렀다. 정부의 정책 의도가 민간에게 정확히 읽히는 시대가 된 것이다. 이 경우 정부의 경제 정책은 효과를 발휘하기 힘들다.•

특히, 정부의 경제 정책은 4차 산업혁명이 진행될수록 효과를 발휘하기 힘들다. "4차 산업혁명의 가장 중요한 특징은 초연결성, 초지능성, 예측 가능성이다."•• 모든 사람이 인터넷과 소셜 네트워크 서비스(SNS)를 통해 연결되어 있다. 새로운 정보는 실시간으로 모든 사람들에게 전달된다. 이를 통해 사람들은 수많은 정보를 접할 수 있게 되어 매우 똑똑해진다. 초연결성과 초지능성이 결합되면 사람들은 미래의 많은 일들을 비교적 정확히 예측할 수 있게 된다. 이런 세상에서는 정보의 차이에 기인한 정부의 경제 정책이 효과를 발휘하기 어렵다. 정부 관료와 민간 기업, 개인들이 인터넷을 통해 촘촘히 연결된 사회에서는 정부의 정책 의도는 실시간으로 기업과 개인들에게 전달되기 때문이다.

19세기 데이비드 리카도부터 20세기 로버트 루카스에 이르기까지 자유주의 경제학자들은 개인들이 정부의 정책 효과를 합리적으로 예측할 수 있다면 정부의 경제 정책은 효과가 없다는 주장을 계속해 왔다. '정책 무력성의 명제'를 만든 로버트 루카스는 민간 경제 주체들이 합리적으로 정부의 행동과 이에 따른 효과를 예상한다면 정부의 정책은 효과를 발휘하기 어렵다고 주장하였다. 개인들이 합리적으로 예측할 수 있는 경제에서는 정부의 경제 개입을 최소

• 미국의 경제학자 로버트 루카스(Robert Emerson Lucas, Jr.)는 민간 부문이 정부의 정책을 합리적으로 예측해서 정부 정책의 효과가 사라지는 것을 '정책 무력성의 명제'라는 개념을 활용해 설명하였다.

•• 하원규 외(2015), 『제4차 산업혁명』.

화해야 한다는 것이 이들의 주장이다. 루카스를 비롯해 합리적인 개인을 가정하는 경제학자들은 정부의 통화 정책이나 재정 정책이 민간에게 알려질 경우 민간 경제 주체들이 선제적으로 대응하기 때문에 정책이 효과가 없을 것이라고 예상하였다. 다만 정책이 민간 주체들의 예측을 넘어서는 선에서 충격적으로 시행되면 일시적으로 효과가 발생할 수 있다고 주장하였다. 즉, 정부와 민간의 정보력 차이가 정부의 거시경제 정책의 효과를 좌우한다는 분석이다. 케인스가 정부의 정책을 통해 경기를 조절할 수 있다고 본 것과 반대되는 생각이다.

4차 산업혁명으로 인해 세상이 초연결 사회로 바뀔수록 케인스보다는 루카스 이론 쪽에 무게가 실린다. 정부 정책과 관련한 정보가 실시간으로 민간 경제 주체들에게 전달되는 세상에서는 정부와 민간 간의 정보 비대칭성이 현저하게 약화되기 때문이다.

케인스의 전통을 따르는 뉴케인지언 경제학자•들은 정부의 재정, 통화 정책이 효과를 발휘하는 또 다른 이유로 '가격의 경직성'을 꼽았다. 민간 주체들이 정부의 경제 정책에 대한 정보는 정확히 알더라도 가격을 바꾸는 데는 시간과 노력이 소요되기 때문에 정부의 정책 변화가 가격에 반영되기까지 시간이 걸린다는 논리를 펴고 있다. 정부가 통화량을 늘리더라도 물가는 일정 기간 오르지 않아 경제 내에 유효 수요가 늘어나고, 이 경우 정부가 통화량을 늘린 정책은 효과를 발휘할 수 있다는 것이다. 예를 들어, 레스토랑이 음식 재료값이

• 뉴케인지언(new Keynesian)은 개인들의 합리성은 가정하지만 시장의 불완전 경쟁과 가격의 경직성 등이 존재하기 때문에 정부의 재정, 통화 정책은 효과를 발휘할 수 있다고 주장하는 학파이다. 케인스의 전통은 따르지만 방법론 측면에서는 합리성을 가정한 모델을 내세운 것이 특징이다.

달라졌다고 해서 즉각적으로 메뉴를 바꾸지 않는다. 메뉴판을 매번 바꾸는 데 시간과 노력이 들어가기 때문이다. 근로자들에게 지급하는 명목 임금도 특정 기간 노사 합의를 통해 결정되기 때문에 실제 경제 상황을 반영해 매번 바뀌지 않는다. 임금의 경직성 역시 경제 정책이 효과를 발휘하게끔 만드는 원인이다.

하지만 이런 논리도 소셜 네트워크(SNS)와 각종 플랫폼이 지배하는 4차 산업혁명기에는 설득력이 떨어진다. 온라인 상거래는 빠른 속도로 확산되고 있다. 인터넷상에서 온라인으로 메뉴판을 바꾸는 것은 클릭 몇 번으로 충분히 가능하다. 메뉴판을 바꾸는 데 들어가는 비용 때문에 가격이 경직적이라고 말하는 것은 갈수록 궁색해진다. 기업의 경영 상황과 노동자의 생산성 등에 대한 정보도 시시각각 접할 수 있는데 굳이 임금을 1년에 한 번씩 결정할 필요도 없다. 가격은 시간이 갈수록 매우 탄력적으로 움직이게 된다. 통화량과 금리를 조절하는 중앙은행의 행동이 민간의 예측 범위 내에 있고 민간 영역에서 가격 변수가 탄력적으로 움직이는 세상에서 정부 정책은 효과가 없다. 결국 4차 산업혁명 시기에는 정부 정책이 효과를 발휘할 것이라는 주장의 근거들이 하나 둘씩 무너져 가고 있다. 정부의 경제 정책이 무용하다면 경제 정책에 관련된 수많은 관료들은 뭘 해야 할까. 세상 사람들이 풀어야 할 숙제가 또 하나 생긴다.

8

화폐가 사라지는 경제

자본주의 경제는 화폐의 마술이다. 화폐를 설명하지 않고는 경제를 설명할 수 없다. 그만큼 시장 경제에서 화폐는 매우 중요한 위치를 차지한다. 화폐는 우리가 직접 소비하는 재화나 서비스는 아니다. 화폐를 먹거나 입을 수 있는 게 아니기 때문이다. 그렇다고 화폐가 사람들에게 주는 효용이 없는 것은 아니다. 화폐 경제학의 대가인 밀턴 프리드먼•과 그의 추종자들은 화폐를 많이 가지고 있으면 물건이 필요할 때 즉각 구매할 수 있다는 점을 들어 화폐는 개인들에게 효용을 준다고 한다. 즉, 화폐는 거래에 들어가는 노력을 줄여 주는 역할을 한다. 이를 통해 화폐 자체가 효용을 주는 경제가 자본주의 경제이다. 이 때문에 사람들은 먹지도 입지도 못하는 화폐를 보유하고자 한다. 화폐는 이처럼 개인들의 소비 생활을 촉진하는 역할을 톡톡히 담당한다.

한 경제가 필요로 하는 화폐량이 화폐 수요이다. 화폐 수요는 경제 내에서 매우 중요한 의미를 갖는다. 화폐 발행 기관인 정부(중앙은행)는 화폐 수요를 충족할 수 있는 화폐량을 공급해 주어야 한다. 또 화폐량을 조절함으로써 경기

• 밀턴 프리드먼(Milton Friedman, 1912~2006)은 미국의 대표적인 화폐 경제학자이다.

사이클에 영향을 줄 수도 있다. 아울러 정부가 화폐를 발행해 자금을 조달할 때도 화폐 수요는 직접적으로 영향을 미친다. 화폐 수요가 많을 경우 정부가 돈을 찍어 내더라도 물가 상승으로 이어지지 않는다.* 정부는 찍어 낸 돈을 활용해 여러 가지 활동을 할 수 있다. 화폐를 찍어 내는 것은 이처럼 막대한 이익을 가져오기 때문에 그 권한은 정부에 부여해야 한다는 것이 전통적인 화폐 이론이다. 위조지폐를 막고 화폐의 안정성을 높이기 위해 화폐의 공급을 정부가 통제하는 것은 자본주의 경제의 필수적인 요소이다. 자본주의 경제에서는 화폐를 해당 국가의 승인을 받아 중앙은행이 독점적으로 공급한다. 중앙은행은 화폐를 시중에 공급함으로써 경제를 통제하고 경기를 조절한다.**

그런데 어느 순간부터 대체 화폐***가 생겨나기 시작하였다. 은행이 발행하는 신용 카드, 유가 증권, 각종 상품권, 쿠폰 등은 모두 화폐가 아니지만 화폐와 유사한 기능을 수행하며 화폐를 대체할 수 있는 것들이다. 대체 화폐는 정부를 통하지 않고 민간에서 자체적으로 발행하기도 한다. 경제가 발달할수록 대체 화폐의 규모도 늘어난다. 정부가 경기를 조절하기 위해 화폐량을 통제하더라도 대체 화폐가 늘어나면 정책의 효과는 반감된다. 예를 들어, 정부가 화폐를 줄이더라도 정부 통제 밖에 있는 대체 화폐들이 늘어난다면 통화 정책의 효과는 발휘될 수 없다.

---

* 화폐 수요가 많을 경우 정부가 찍어 낸 화폐는 모두 경제 내에서 화폐 수요에 의해 처리되므로 물가 상승을 유발하지 않는다. 이 경우 정부는 찍어 낸 화폐만큼 이익을 보게 된다. 이처럼 정부가 화폐를 찍어 내 발생하는 이익을 시뇨리지(seigniorage)라고 부른다.

** 경제학에서는 화폐의 기능을 가치 저장의 수단, 교환 매개의 수단, 가치 척도의 수단 등으로 구분한다. 밀턴 프리드먼은 화폐의 효용은 거래를 원활하게 해주는 데서 발생한다고 주장하였다. 이 책에서는 프리드먼의 이론에 따랐다.

*** 대체 화폐(money substitutes)란 정부가 발행한 화폐는 아니지만 시중에서 화폐와 비슷한 기능을 수행하는 금융 상품들을 말한다. 신용 카드, 상품권 등도 대체 화폐의 한 종류이다.

4차 산업혁명기에는 생산과 유통 과정에서 정부의 통제를 전혀 받지 않는 비트코인[•]이라는 암호 화폐도 등장하였다. 모든 거래 내역을 블록화해서 수만 명이 그 기록을 공유함으로써 위변조를 막는 기법인 '블록체인'이라는 방법이 암호 화폐에 활용되었다. 블록체인 기법을 활용해 만든 비트코인은 점차 그 범위를 넓혀 가고 있다. 한국에서만도 수백만 명이 비트코인을 보유하고 있다. 시장에서 가격이 형성되었고, 그 가격은 시장 거래자들 사이의 상황에 따라 매일 바뀐다.

비트코인은 화폐를 통제하고 관리하는 것을 업으로 하는 국가와 중앙은행 입장에서는 대단한 위협이다. 그러다 보니 비트코인에 대한 규제를 계속 강화하는 국가들이 많아지고 있다. 비트코인이 투기 심리를 부추긴다고 해서 비난을 퍼붓고 아무런 기초 자산이 없는 버블에 불과하다며 조만간 가치의 붕괴를 예견하기도 한다.

하지만 비트코인이 가지고 있는 파괴력은 정부가 규제한다고 해서 줄어들지 않는다. 그동안 자본주의 경제를 지탱해 왔던 화폐는 그 가치에 대한 의문이 계속 확산되고 있다. 미국 정부는 막대한 규모의 달러를 찍어 내 2008년의 금융 위기를 막았다.[••] 이 달러들이 시중에 유통되기 시작하면 막대한 인플레이션이 불가피하다. 인플레이션은 프리드먼이 가장 우려하였던 자본주의의 경제 현상이다. 그만큼 경제에 미치는 해악이 상당이 크다.

인플레이션의 기원은 과거 금본위 시절로 거슬러 올라간다. 금이 화폐 기

• 사토시 나카모토라는 사람이 2008년 10월에 "Bitcoin: A peer to peer Electronic Cash System"이라는 제목의 논문을 공개하였고, 이를 기반으로 해서 이후 비트코인 프로그램이 공개되며 2009년 1월 3일 처음으로 발행되었다. 정부나 중앙은행의 개입 없이 개인 간 거래가 가능한 화폐로 최대 발행량도 한정되어 있다.

•• 2008년 이후 양적 완화를 통해 시중에 풀린 돈은 총 3조 8,000억 달러에 달한다.

능을 하던 시절에 금화의 가치는 실물 가치와 동일하였다. 즉, 100달러짜리 금화는 실제 100달러의 가치가 있었다. 지금은 100달러 지폐의 가치는 1달러도 채 안 된다. 사람들은 100달러짜리 금화를 보면서 돈 버는 방법을 고안하였다. 100달러짜리 금화에서 10달러어치의 금을 떼어 내고 대신 쇠붙이를 가져다 붙이고 금칠을 해 시중에 유통시켰다. 이 화폐의 실제 가치는 90달러에 불과하였으나 처음에는 90달러짜리 금화도 100달러 금화의 취급을 받았다. 그러다 보니 너도나도 100달러짜리 금화에서 금을 조금씩 떼어 내기 시작하였다. 결국 대부분의 금화가 90달러짜리로 전락한 것이다. 물건을 파는 사람도 금화의 가치가 90달러에 불과하다는 것을 알아차렸다. 그때부터 물건 파는 사람은 100달러짜리 금화를 받고 주는 물건의 양을 줄이거나 동일한 물건을 줄 때는 값을 110달러로 올리기 시작하였다. 이것이 인플레이션의 시작이다. 이처럼 화폐 가치를 훼손시키는 것은 일종의 범죄 행위였다. 지금도 민간이 화폐 가치를 훼손시키거나 위조지폐를 만들어 유통시키면 엄중한 처벌을 받는다.

미국을 중심으로 한 유럽, 일본 등 선진 국가들이 2008년 이후 발생한 금융위기를 타개하기 위해 막대한 규모의 통화를 풀었다. 만약 이렇게 풀린 달러화가 시중에 유통된다면 엄청난 물가 상승이 발생하였을 것이다. 그런데 전 세계적으로 달러화를 외환 보유고로 쌓아 두면서 달러화에 대한 수요가 늘어났다. 이 때문에 미국은 양적 완화로 막대한 규모의 달러를 찍어 냈지만 이것이 물가 상승으로 이어지지는 않고 있다.

하지만 중앙은행에 대한 일반인들의 신뢰는 크게 떨어졌다. 화폐 가치의 안정을 위해 통화량을 관리해야 할 중앙은행이 나서서 화폐 가치를 훼손하는 데 앞장섰기 때문이다. 물론 경제 위기 상황을 진정시키기 위해서라는 명분이 있지만 과거 인플레이션을 경험하였던 사람들 입장에서는 중앙은행의 화폐 가치 안정을 위한 의지와 실력을 믿지 못하게 된 결정적인 계기가 되었다.

달러에 대한 공급을 마구 늘린 2008년에 비트코인의 아이디어가 만들어졌다는 것은 결코 우연이 아니다. 통화량 조절을 최우선 목표로 삼고 있는 중앙은행이 화폐 가치 유지에 대한 의지를 포기한 양적 완화 조치를 내놓은 것은 달러 가치가 더 이상 유지되지 못할 것이라는 불안감을 부추겼다. 그러자 민간 부문에서 전 세계적으로 수량이 고정되어 있는 비트코인이라는 디지털 화폐를 만들어 저항한 것으로 볼 수 있다. 이처럼 비트코인을 비롯한 각종 유사 화폐가 확산되면 각국 정부의 화폐 통제 능력은 갈수록 떨어질 수밖에 없다.

비트코인과 같은 화폐가 활성화되면 정부가 발행하는 화폐는 점점 무력해진다. 권위를 상실할 뿐만 아니라 화폐를 통해 경기를 조절하려는 정부의 노력도 물거품이 된다. 대체 화폐의 급증과 정부의 통화량 조절 능력의 무력화는 4차 산업혁명이 가져오는 새로운 결과들이다. 4차 산업혁명이 본격화되면 화폐와 관련된 제도도 개편이 불가피하다.

9

노동 없는 소득의 등장

현대 자본주의 사회에서 노동과 소득은 동전의 양면이다. 기업주들은 노동자들의 파업 현장에서 '무노동 무임금' 원칙이 적용되어야 한다고 주장한다. 파업으로 일을 하지 않는 상태에서는 임금을 지급할 수 없다는 논리이다. 기업주 입장에서 임금은 생산적 노동의 대가인데 생산적인 일을 하지 않는 파업 행위에 대해 임금을 지급하는 것은 부당하다고 주장한다.

노동자들도 마찬가지이다. 노동 운동 현장에서는 '일하지 않는 자 먹지도 말라'는 구호를 흔히 들을 수 있다. 이 구호는 자본주의 사회에서 노동자를 위한 구호이다. 칼 마르크스는 『자본론』에서 자본가는 노동자가 생산한 가치 중 일부만 노동자에게 임금으로 지급하고 나머지 잉여 가치를 착복하는 존재라는 점을 역설하였다. 모든 노동은 노동자가 하는 만큼 자본가는 가치를 가져갈 수 없다는 이야기이다. 관점만 다를 뿐이지 기업주나 노동자 모두 노동과 소득을 동일시한다. 노동 없이 소득이 발생할 수 없고, 소득이 없는 노동도 없다는 데 대체적인 공감대가 형성되어 있다.

그런데 4차 산업혁명이 급속히 진행되는 사회에서는 이야기가 달라진다. 앞에서 이야기하였듯이 노동과 소득 간의 분리가 진행될 가능성이 높다. 4차 산업혁명이 진행될수록 인공 지능이 노동을 대체한다. 극단적으로 자동차를 만드는 회사에서 생산 공정 100%를 로봇이 하는 경우를 생각할 수 있다. 이때 이 공장에서 일하였던 수많은 노동자들은 할 일이 없어진다. 자본가는 잘 만들어진 로봇을 데려와 자동차를 만들 수 있다. 기업주가 로봇이 작동하는 데 필요한 최소한의 노동만 한다면 자동차는 하루에 수백 대, 수천 대 만들 수 있다. 이런 세상에서 노동자들은 일을 하고 싶어도 할 일이 없다. 자동차 공장에서 일하던 노동자들이 하루아침에 인공 지능 로봇을 만드는 공장에 가서 일할 수도 없다. 자동차 숙련공과 인공 지능 숙련공의 할 일은 180도 다르기 때문이다. '무노동 무임금' 원칙을 여기에 적용한다면 수많은 노동자들이 굶어야 한다.

노동자들에게 임금을 지급하지 않는다면 기업주들은 잘 살게 될까. 그렇지 않다. 자동차 공장에서 기업주가 노동자를 로봇으로 대체하고 일을 하지 않는다는 이유로 임금을 지급하지 않는다고 하자. 다른 업종에서도 유사한 일이 벌어진다. 이 경우 기업이 로봇을 통해 만들어 낸 수많은 자동차를 살 사람이 없어진다. 그렇다고 기업주가 수백, 수천 대의 자동차를 다 사들일 수도 없다. 로봇이 자동차를 구매하는 것도 아니다. 경제 전체적으로 수요 기반이 붕괴된다. 이 경우 자동차 업주도 자동차를 팔지 못해 낭패를 보게 된다. 4차 산업혁명 시기에 일하지 않는 노동자에 임금을 지급하지 않는 것은 일견 타당한 것 같지만 결국은 모두가 망하는 길이다.

자본주의 사회에서 노동을 한다는 것은 곧 그 노동으로 소득을 얻고 소비생활을 한다는 것을 의미한다. 소비는 사회 전체적인 수요를 의미한다. 로봇이 인간의 노동을 대체하면서 소득 기반이 무너지면 경제 내의 수요가 줄어들고 수요가 없는 경제는 붕괴한다. '무노동 무임금'이나 '일하지 않는 자는 먹지도 말라'는 논리는 4차 산업혁명이 본격화하는 시기에는 경제 시스템을 붕괴시키는 요인으로 작용한다.

경제 시스템을 유지시키기 위해서는 로봇이 상당 부분 인간의 노동을 대체해 수많은 노동자가 일을 할 수 없는 상황이 오더라도 그들이 소비 생활을 할 수 있는 시스템을 구축해야 한다. 그래야 경제가 굴러간다. 노동자와 자본가는 자본주의 경제 시스템에서 늘 대립하지만 그중 하나가 사라지면 사회가 굴러갈 수 없다. 모두가 생산적 노동으로부터 소외되더라도 소득을 올릴 수 있는 방법을 찾아야 한다.

많은 사람들의 소득은 그들에게는 생존을 위한 수단이지만 경제 전체적으로는 시장 경제 시스템을 유지하기 위한 필수불가결한 요소이다. 사회 안전망을 구축해 일자리를 잃은 사람들에 대한 소득 보전을 강화할 수 있고 일자리를 나누고 임금을 올려 적은 노동을 하더라도 적정 소득을 유지할 수 있게 만드는 방법도 있다. 또 물건을 만드는 생산적인 노동뿐만 아니라 직장 문화를 유지하고 개선하기 위한 노동자의 노력도 노동으로 인정해 임금을 지급할 수도 있다. 이런 식의 '임금 인상'은 노동자만을 위한 것이라기보다는 기업주를 포함해 모두를 위한 것이다. 소득은 경제의 수요를 창출하기 때문이다.

하지만 일반 기업에서 일을 하지 않는 근로자에게 임금을 지급하는 것은 쉽지 않다. 기업주 입장에서는 일을 하지 않는 사람은 해고를 할 가능성이 높기 때문이다. 이 때문에 정부와 사회의 역할이 더 커진다. 생산과 노동 현장에서 해결하기 어려운 문제를 공론화하고 해법을 찾는 공간이 필요해진다. 수많은 노동자들이 4차 산업혁명으로 생활의 위협을 느낀다면, 이것은 사회적인 불안 요인으로 작용하고 가진 자에 대한 분노가 폭발할 수도 있기 때문이다.

그리하여 경제적인 문제가 아닌 체제 위협 요인으로 작용한다. “인간이 생산적인 노동을 하지 않더라도 소득을 얻을 수 있는 방안을 강구해야 한다.” 4차 산업혁명기의 평평한 경제에 우리가 풀어야 할 숙제이다.

10

인센티브 시스템이 사라진다

자본주의 시장 경제를 흔히 오리에 비유한다. 물 위에 떠 있는 오리는 아주 여유로워 보인다. 하지만 오리가 물 위에 떠 있기 위해 그는 물밑에서 쉴 새 없이 발을 움직인다. 물 위에 떠 있기 위해 발버둥치는 것이다. 물 위에서 볼 때와 물 아래에서 볼 때 오리의 모습은 천양지차이다.

자본주의 시장 경제는 물 위에 떠 있는 오리처럼 모든 경제 주체들에게 열심히 발을 움직이며 최선을 다하도록 유도하는 체제이다. 자본주의는 절대 개인들에게 발버둥치며 노력하도록 강요하지는 않는다. 노예제 시대에는 노예가 일을 하지 않으면 채찍을 휘둘렀지만 자본주의는 이런 방식을 사용하지 않는다. 다만 체제 내에서 다양한 인센티브(incentive)를 제공해 스스로 발버둥치게끔 만든다.

자본주의 시장 경제에서는 내가 열심히 일해 돈을 많이 벌면 나는 좀 더 행복해질 수 있다는 생각 때문에 누구나 돈을 벌기 위해 최선을 다한다. 열심히 일한 사람들에게는 그만큼의 보상이 주어진다. 이 과정에서 모든 사람들은 자신들의 능력을 최대한 발휘해 돈을 벌려고 한다.

자본주의 시장 경제에서 기업의 이윤에는 제한이 없다. 많이 벌수록 좋은 것이다. 경제학에서는 무한히 이윤을 벌고자 하는 기업들의 행위를 자연스러운 것이라며 그 논리를 제공하고 있다. 개인도 마찬가지이다. 개인이 소득을 조금이라도 더 벌수록 개인의 만족감은 높아진다. 여기에는 어떤 상한선이 없다. 한 달에 수십억 원을 버는 사람과 수십만 원을 버는 사람이 똑같이 돈을 더 벌고자 하는 인센티브가 있다는 것이 경제학의 대전제이다.

현실적으로 생각해 보면 문제가 있는 것 같다. 돈을 연간 몇백만 원밖에 못 버는 사람과 돈을 연간 수백억 원 버는 사람의 돈을 벌고 싶어하는 정도가 같을까. 1년에 몇백만 원 버는 사람은 생존을 위협 받는다. 이런 사람에게는 돈을 더 버는 것이 욕심이 아니라 생존의 문제이다. 반면 돈을 수백억 원 버는 사람은 돈보다는 다른 것에 관심이 더 많을 것 같다.

이 때문에 두 사람이 돈을 더 벌려는 인센티브가 똑같다는 이야기는 그럴듯하지 않은 이야기 같다. 하지만 볼록한 경제에서는 이를 인정하지 않는다. 두 사람 모두 돈을 벌려는 인센티브는 똑같이 있다는 것이 자본주의 시장 경제의 논리이다.

이런 가정은 경제 내의 모든 사람들에게 열심히 일을 해야 한다는 당위성을 부여하였다. 이처럼 모든 개인과 기업들이 열심히 일하면 사회 전체적으로 생산력이 높아진다. 개인과 기업은 자신들이 잘 살기 위해 노력하는데, 이런 노력이 사회의 효율성도 높여 준다는 것이 자본주의의 기본 원칙이다.

자본주의는 가격과 경쟁 시스템을 활용해 모든 경제 주체들이 능력을 최대한 발휘하게끔 만드는 인센티브를 제공한다. 자신의 능력을 발휘하기보다는 남의 노력에 편승해 자신의 이익을 추구하는 사람들을 걸러 내는 시스템도 만든다. '무임승차' 나 '공짜 점심' 등은 자본주의 시장 경제가 가장 싫어하는 용어들이다.

지난 2007년 노벨 경제학상을 수상한 에릭 매스킨 하버드대 교수는 자본주의와 사회주의의 가장 큰 차이로 인센티브 시스템을 꼽았다.[•] 그는 경제의 효율성을 가장 높일 수 있는 메커니즘을 만드는 것을 연구 분야로 삼고 있는 '메커니즘 디자인'의 대가인 경제학자이다. 자본주의와 사회주의도 하나의 메커니즘이라고 볼 수 있다.

자본주의 시스템에서는 자신의 행동에 대한 보상이 철저하게 주어지기 때문에 열심히 일을 할 인센티브가 있다. 반면 사회주의 체제에서는 자신이 번 것을 자신이 가져갈 수 없어 열심히 일을 할 유인이 없다. 인센티브 시스템의 차이가 궁극적으로 자본주의와 사회주의 간의 생산력과 경제력의 격차를 가져왔다는 주장이다. 자본주의 경제의 발전과 효율적인 인센티브 시스템의 구축은 동전의 양면이다. 정부가 경제 정책을 수립하고 기업을 운영하는 것의 근간도 인센티브를 극대화하는 보상 시스템을 구축하는 것이다.

인공 지능(AI)으로 촉발된 4차 산업혁명이 진행되는 '평평한 경제'에서는 자본주의 경제의 근간인 인센티브 시스템을 송두리째 무너뜨린다. 기업이 이윤을 극대화할 수 있는 방법에 모순이 존재하기 때문이다. 그 방식은 이렇다. '볼록한 경제'인 기존 자본주의 경제에서는 시장에 기술력의 차이가 있는 다양한 기업들이 공존한다. 이때 한 기업이 기술 개발을 통해 생산 원가를 낮추면 이 기업은 시장 균형 가격보다 싼값에 물건을 팔 수 있고 이 경우 보다 많은 이윤을 올릴 수 있다. 반면 생산비가 이 가격보다 높은 기업들은 원가를 낮출

[•] 필자는 지난 2007년 미국 샌프란시스코에서 열린 전미경제학회에 참석한 그와 인터뷰를 하였다. "자본주의와 사회주의의 가장 큰 차이는 무엇인가"라는 질문에 그는 '인센티브 시스템의 문제'라고 답하였다.

수 없어 시장에서 빠져나간다. 시장은 기술력이 좋은 기업이 독점을 하게 되고 독점 이윤을 상당 기간 누릴 수 있게 된다. 독점 이윤을 누릴 수 있는 기간은 다른 기업이 더 좋은 기술을 개발해 생산 원가를 낮추게 되는 시점까지이다. 조지프 슘페터•는 이런 과정을 자본주의의 '창조적 파괴' 과정이라 불렀다.

창조적 파괴 과정을 통해 자본주의 경제는 보다 좋은 기술을 개발하려는 인센티브가 끊임없이 존재하게 되고, 이를 통해 경제 전체적인 생산성을 높일 수 있었다.

그런데 생산 기술이 인공 지능을 통해 비약적으로 발전하는 '평평한 경제'에서는 이 같은 인센티브 시스템이 존재하기 어렵다. 처음에는 기술 개발 경쟁을 통해 생산 원가를 낮추려는 노력이 진행된다. 기술력이 가장 떨어지는 기업이 도태되는 것도 비슷하다. 하지만 기업들이 독점 이윤을 올릴 수 있는 시간은 갈수록 줄어든다. 볼록한 경제에서는 기업들이 상당 기간 독점 이윤을 올릴 수 있는 반면 모든 기업이 실시간으로 연결되어 있고 정보 유통 속도가 빠른 4차 산업혁명 시기에는 기업들이 독점 이윤을 올리는 시간이 대폭 줄어든다. 이 경우 독점 이윤으로 벌어들일 수 있는 이익도 대폭 줄어든다. 이윤이 기업 인센티브의 원천인 것을 감안하면 인센티브가 대폭 줄어드는 셈이다. 기업 입장에서는 신기술을 개발해 독점 이윤을 올리려는 동기도 줄어든다.

더 큰 문제는 AI가 본격적으로 도입할 때 생겨난다. 한 기업이 제품을 만드는 로봇을 개발한다면 그는 한순간에 이 시장을 독점해 버린다. 로봇의 생산력을 사람이 따라갈 수 없다. 이때 독점 이윤을 올리는 시간은 매우 짧을 뿐만 아

• 조지프 슘페터(1883~1950)는 오스트리아에서 태어나 미국에서 활동한 경제학자이다. '창조적 파괴'(creative destruction)라는 용어를 만들어 널리 퍼뜨렸다.

니라 기업이 물건을 만들 때 들어가는 한계 비용이 0에 가까울 정도로 급속이 내려간다.

다른 기업과의 치열한 경쟁을 감안하면 시장을 독점하는 순간 제품 가격이 급락할 가능성이 높다. 로봇이 무한정 제품을 만들어 내는 세상에서는 물건값이 급속히 떨어져 거의 0원으로 수렴한다. 기업들은 신기술을 개발하였지만 이를 통해 이윤을 올리기가 매우 어려워진다. 이런 환경에서 기업들이 신기술을 개발하려는 인센티브는 떨어진다.

신기술을 개발하니 수익이 오히려 떨어지는 모순된 상황이 벌어질 수도 있다. 물건을 만들수록 한계 비용이 떨어지는 규모의 경제가 발생할 경우에는 이런 현상이 더 뚜렷해진다. 기술을 개발해 생산성을 높이는 것과 기업의 이윤 증대가 동일하게 진행되는 것이 기존 시장 경제의 기본 원리였다.

그런데 기술을 개발해 생산성을 높이는 것과 기업의 이윤 증대가 어느 순간에는 서로 모순되는 결과를 가져온다. 이 경우 개인의 인센티브와 사회의 인센티브가 충돌하게 된다. 개인 입장에서는 신기술을 개발하지 않고 기존 시스템에서 적정한 이윤을 얻는 게 더 이익일 수 있다. 이런 상황이 도래하면 개인이나 기업들이 기술을 개발할 인센티브가 사라지게 된다. 기존 경제학에서 가장 강조하는 개인의 이익 증대가 곧 사회의 이익 증대라는 명제가 더 이상 성립하지 않게 되는 것이다.

근로자도 마찬가지이다. 열심히 일해서 많은 보수를 받는 것이 근로자의 인센티브이다. 돈을 많이 벌기 위해 여가를 줄이고 근로 시간을 늘려 조금씩 돈을 모아 가는 것이 근로자들의 낙이라고 볼 수 있다. 하지만 4차 산업혁명이 진행되는 시기에 근로자들은 고용에 있어서 심각한 불확실성에 직면하게 된다. 기계와 노동의 한계 대체율이 일정하다면 시장의 조그마한 변화에 따라 고용의 양이 큰 폭으로 변한다. 근로자들이 상시적인 해고 위험에 노출되어 있는 것이다.

불확실성이 커질수록 인센티브 시스템은 약해진다. 이처럼 불확실한 노동 환경에서 근무하는 사람들은 자신의 노동이 어느 순간에 AI로 대체된다면 아무리 열심히 일해도 소용이 없다. 사람이 아무리 열심히 일한다고 로봇을 따라갈 수는 없다. 열심히 일을 해서 소득을 높이려는 인센티브보다는 언제 해고될지 모르는 불안감이 근로자들 사이에서 팽배해진다.

근로자들은 열심히 일해 생산성을 높이기보다는 오히려 AI를 파괴하는 것이 자신들의 보수를 높이고 고용을 안정시킬 수 있는 방법이라 생각할 수 있다. 하지만 AI를 파괴하는 것은 개별 근로자에게는 단기적인 이익을 가져다줄 수 있지만 전체적으로는 경제를 후퇴시키는 일이다.

자본주의 체제에서는 개인의 인센티브와 사회 발전이 동시에 일어나지만 4차 산업혁명 시기에는 개인의 인센티브가 경제 발전에 역행하는 현상이 벌어진다.

과거 1차 산업혁명 때도 수공업에 종사하는 근로자들이 기계를 파괴하는 러다이트(Luddite) 운동이 벌어졌었다. 하지만 산업 구조가 재편되면서 다른 부문에서 일자리가 늘어나 러다이트 운동은 잠잠해졌다. 4차 산업혁명의 기술 혁신은 그때와는 비교할 수 없을 정도로 빠르고 그 파급 효과는 훨씬 크다.

이 시기에는 개인과 기업이 열심히 일하고, 기업이 새로운 기술을 개발하려는 인센티브 시스템이 작동하지 않을 가능성이 높다. 또 개별 경제 주체의 인센티브가 경제 발전에 역행할 수도 있다. 사람들을 오리처럼 열심히 일하게 만들고 그것이 경제 발전의 원동력이 되었던 자본주의 경제 인센티브 시스템의 붕괴, 이것이 4차 산업혁명이 가져올 또 하나의 새로운 변화이다. 기존의 경제 시스템으로는 이 같은 변화를 막기에 역부족이다.

11

공감의 경제학

자본주의 경제학의 창시자인 애덤 스미스는 '보이지 않는 손'에 대해 세 번 언급하였다. 가장 유명한 것이 그가 1776년에 쓴 『국부론』에 나오는 구절이다. 그는 이 책에서 "모든 사람에게 자기의 개인적인 이익을 추구하게 하라. 그리하면 보이지 않는 손에 이끌리어 사회의 이익도 증진된다."• 라고 썼다. '보이지 않는 손'은 가격 메커니즘을 말하는 것으로 해석되었다.

개인들이 사익을 추구하는 행동을 하면 시장에서 가격 메커니즘에 의해 자원이 적재적소에 배분되어 사회의 이익이 증가한다는 것이 경제학자들의 해석이다. '보이지 않는 손'은 훗날 자유주의 경제학의 가장 중요한 원칙으로 이어졌다. 자유주의 경제학이 금과옥조로 여기는 후생경제학 제1정리는 "시장을 기반으로 한 가격 메커니즘은 사회 전체적인 효용을 가장 증대시키는 효율적인 메커니즘"이라는 것이다. 그러다 보니 분배 문제는 우선순위에서 밀렸다. 자유주의 경제학에서 빈곤은 근로자가 노동보다는 여가를 선택하였기 때문에 발생하였다는 극단적인 논리도 나왔다.

• 애덤 스미스 저, 김수행 역(2007), 『국부론』 (상), (하), 비봉출판사.

애덤 스미스의 보이지 않는 손이 다른 사람은 생각하지 않는 개인의 이기심을 조정해 주는 가격에 국한되는 개념일까. 애덤 스미스의 다른 글들을 찾아보면 그렇지 않다는 해석도 나온다. 애덤 스미스는 『국부론』 외에도 보이지 않는 손에 대해 언급한 적이 있다. 그가 1758년에 쓴 논문인 「천문학」(Astronomy)에서 '주피터 신의 보이지 않는 손'이라는 표현을 썼다. 『국부론』이 1776년에 쓴 것을 감안하면 애덤 스미스는 이보다 20여 년 전에 보이지 않는 손을 처음 언급한 것이다.

「천문학」에서 보이지 않는 손은 자연 법칙을 야기하는 신의 손을 의미하였다. 자연 법칙은 인간과 자연의 모든 세상 이치를 설명하는 법칙인 반면, 가격 메커니즘은 경제에서 발생하는 가격을 설명하는 것이다. 이처럼 자연 법칙과 가격 메커니즘은 하늘과 땅만큼 개념적인 차이가 크다.

두 개념 사이의 공통점도 찾기 어렵다. 두 가지 동떨어진 것 같은 개념을 연결시켜 주는 것이 애덤 스미스가 1759년에 쓴 『도덕 감정론』이다. 그는 이 책에서 "부자들은 가난한 사람보다 별로 많이 소비하지 않는다.(중략) 그들은 보이지 않는 손에 이끌려서 토지가 모든 주민들에게 똑같이 나누어졌을 경우에 있을 수 있는 것과 같은 생활필수품의 분배를 하게 된다."• 고 썼다. 부자가 가난한 사람에게 재산을 분배하는 과정에서 보이지 않는 손이 작동한다는 것이다.

세 번 언급된 보이지 않는 손은 하나의 담론으로 엮여 있다. 자연 법칙을 이끄는 신의 손처럼 보이지 않는 손은 경제 내에서도 성장과 분배 모두 이상적

• 애덤 스미스 저, 박세일 · 민경국 역(2009), 『도덕 감정론』, 비봉출판사.

인 상태로 이끄는 역할을 할 수 있다는 것이 그의 주장이라고 해석된다. 보이지 않는 손은 가격 메커니즘처럼 개별적인 행동을 조화롭게 만드는 역할도 하지만 부자들이 가난한 사람들을 위해 분배할 수 있도록 만들어 주는 역할도 한다는 것이다. 두 가지 모두 외부 세력의 강압에 의해 이루어지는 것이 아니라 내적으로 존재하는 이기심에 의해 이루어진다는 점이 공통점이다.

애덤 스미스는 『도덕 감정론』에서 개인들의 이기심의 원천에 대해서도 언급하였다. 그는 개인 간의 관계에서 공감(compassion)하는 것이 인간의 본성이라고 강조하였다. 그는 "우리는 유쾌한 감정을 나눌 때보다는 불쾌에 대한 동감을 나눌 때 훨씬 큰 만족을 얻는다. 친구 간의 우정은 기쁨을 나눌 때보다 분개를 나눌 때 훨씬 돈독해진다."라고 썼다.

애덤 스미스가 말한 이기심은 이처럼 공감을 전제로 한 이기심이다. 애덤 스미스 이론의 핵심은 개인들이 공감을 전제로 이기심을 발휘할 때 사회 전체적으로 이상적인 상태로 갈 수 있음을 강조한 것으로 해석하면 퍼즐이 맞추어진다. 이것은 자본주의가 개인들의 무절제한 이기심을 담보로 하여 사회 전체적으로 효율적인 상태로 이행한다는 자유주의 경제학의 논리보다 훨씬 인간적이다.

현실적인 사례도 많이 있다. 마크 저커버그 페이스북 최고 경영자(CEO)는 지난 2015년 딸을 출산하고 딸에게 보낸 공개 편지에서 자신이 보유한 페이스북 지분의 99%를 기부하겠다고 밝혔다. 이를 시가로 환산하면 약 450억 달러, 우리나라 돈으로 52조 원에 달한다.

저커버그는 이 편지에서 딸에게 "네가 지금보다 더 나은 세상에서 자라기를 바란다."고 썼다. 그는 이어 "그 세상은 모든 인류가 잠재력을 실현할 수 있어야 하고 평등해야 한다. 질병을 치료하고, 배움의 기회를 갖고, 가난에서 벗어날 수 있는 사회, 세상의 모든 아이들을 위한 그런 세상을 만들기 위해 노력하겠다."고 다짐하였다.

저커버그는 젊은 사업가이다. 기발한 아이디어로 세상의 누구보다 많은 부를 거머쥐었다. 자본주의 시장 경제 원칙상 그가 번 것은 그의 재산이다. "인간의 욕망은 무한하다."는 것을 기본 전제로 하는 현대 경제학의 논리로 볼 때 더 많은 돈을 벌어 욕망을 충족시키려고 노력하는 것이 '자본주의적 인간형'이라 생각할 수 있다. 그렇게 각자가 부를 무한정으로 축적하려고 노력하면 사회적으로도 바람직한 상태에 도달할 수 있다는 게 자본주의 논리라고 이해되었었다. 그런 관점에서 볼 때 저커버그가 자신의 대부분의 재산을 가난한 사람들을 위해 내놓겠다고 하니 의아해하는 사람들도 있다. 하지만 260년 전 애덤 스미스가 이야기하였던 '보이지 않는 손'을 떠올리면 이해가 간다. 부자들이 경제적으로 어려운 사람들과 함께 공감하는 토대 위에서 발휘하는 그들의 행동 패턴, 그리고 이를 이끌어 내는 '보이지 않는 (신의) 손'으로 사회는 바람직한 상태로 이행한다는 그의 논리를 저커버그의 기부를 보면서 다시 한 번 떠올리게 된다.

부자만 공감하는 것은 아니다. 한국에서는 과일 장사로 평생 모은 돈을 학교에 기부한 사례도 있다. 서울 동대문구에 사는 김영석, 양영애 씨 부부는 40년 동안 과일 장사 등을 하며 모은 재산 400억 원 가량을 자식의 모교인 고려대학교에 기부하기로 하였다.• 평생 모은 돈을 사회에 기부하는 것은 쉽지 않은

• 매일경제신문, 2018년 10월 26일자.

결정이었지만 그들은 즐거운 마음으로 이 같은 결정을 하였다고 한다. 그들은 언론 인터뷰에서 "초등학교도 나오지 못한 나 같은 사람이 학교에 기부를 하게 되어 기쁘다."고 말하였다. 누구보다 열심히 일을 해서 번 돈을 자신이 소유하지 않고 스스로 나서서 사회를 위해서 쓰는 것을 보면 인간의 이기심이 자신의 소유를 늘리는 데만 작동하는 것이 아니라는 것을 알 수 있다.

4차 산업혁명기에는 이처럼 공감의 원칙이 어느 때보다 중요하다. 왜냐하면 4차 산업혁명기에는 부의 불평등이 극단적으로 심해진다. 소수에 부가 집중되고 많은 사람들이 노동으로부터 소외된다. 새로운 기술의 개발은 기존 시스템과 제도를 파괴한다. 이런 상황 속에서 개인 간의 공감이 없다면 세상은 걷잡을 수 없이 삭막해져 갈 것이다. 그런 세상에는 어느 누구도 안전을 담보하기 어렵다. 소수의 부자들은 불안해할 것이며, 다수의 가난한 사람들의 불만은 계속 쌓여 갈 것이다. 이런 상황에 대한 해법을 찾기 위한 과정은 사람들 간의 공감에서부터 출발해야 한다. 서로가 공감한다면 문제를 해결할 수 있는 방법을 찾기가 훨씬 쉬울 것이다. 애덤 스미스의 '공감'과 '신의 손'에 대한 생각을 다시 떠올려야 할 시점이다. 볼록한 경제가 평평한 경제로 바뀌면서 '효율에서 공감으로의 이전'이 필요하다. 이것이 4차 산업혁명기 평평한 경제에서 강조되어야 할 부분이다.

12

새로운 신화의 탄생

"현 인류는 어떻게 (지구를 지배하는) 제국을 건설할 수 있었을까. 인간의 대규모 협력은 공통의 신화에 뿌리를 두고 있고 그 신화는 집단적 상상 속에 존재한다. 인간이 갖는 가장 독특한 특성은 신화와 같은 상상을 만들어 내고 이를 통해 집단적으로 협력할 수 있었다는 점이다."•

인류의 역사를 태생에서부터 현재까지 과학사적인 관점에서 서술한 세계적인 베스트셀러 『사피엔스』의 저자인 유발 하라리 교수는 인간이 세상을 지배하게 된 이유로 '집단이 단결할 수 있는 신화와 같은 상상을 만들어 낼 수 있는 능력'을 꼽았다. 인류는 역사적으로 수많은 상상을 만들었고 이를 집단적으로 신뢰하였다. 상상은 집단의 힘을 응집시키는 데 결정적인 역할을 발휘하였다. 힘도 없고 자연에 대한 적응력도 약하였던 인간이 지구를 지배하는 이유는 동물들 중 유일하게 상상을 통한 사회적 단결이 가능하였기 때문이다.

태초에는 신화가 있었다. 다음에는 종교와 이념도 생겨났다. 여기에 기반을 두고 국가를 비롯해 사회, 법, 제도 등이 조성되었다. 18세기에는 '자본주

• 유발 하라리 저, 조현욱 역(2015), 『사피엔스』, 김영사.

의'라는 이데올로기도 만들었다. 자본주의는 18세기 산업혁명이 발생할 시점에 인간들이 만들어 낸 이데올로기이다. 자본주의 이전에는 봉건제가 있었고 그 이전에는 노예제가 있었다. 모두가 각 시대에 처한 상황에서 인간은 최적의 이데올로기와 이를 통한 경제, 사회 시스템을 만들어 냈다.

산업혁명 이후에는 자본주의라는 이데올로기를 인간이 집단적으로 신뢰하였고, 이를 통해 강한 응집력을 발휘해 사회를 발전시켰다. 자본주의는 제조업 위주의 대량 생산 체제를 중심으로 하는 '볼록한 경제'에서 생산력을 극대화시키는 역할을 톡톡히 하였다. 모든 사람에게 열심히 일을 하면 많은 부를 축적할 수 있다는 환상을 심어 주었다. 구체적으로 어떻게 부자가 될 수 있는지에 대해 다양한 논리와 현실적인 근거를 들어 설명하였다. 시장이라는 것을 발전시켜 많은 사람들이 일정 규칙에 따라 교환하게끔 함으로써 사회적인 낭비를 줄였다. 자본주의 아래서 개인들은 자신들의 능력을 최대한 발휘해 사회적 생산력을 높였다. 기업 경영자와 오너들은 근로자를 효율적으로 조직해 집단적인 생산성을 끌어올렸고, 근로자들은 소득을 얻어 부자가 되기 위해 열심히 일하였다.

19세기에 인간은 자본주의의 모순을 지적하는 '사회주의'라는 또 하나의 이데올로기를 만들어 경쟁하기도 하였지만 현실에서는 자본주의가 이끌어 내는 집단적인 힘이 더 컸다. 자본주의 경제학이 제시하는 각종 경제 원리는 자본주의 이데올로기를 하나의 사회 법칙으로 인식하도록 만드는 데 큰 기여를 하였다. 각종 수학과 자연 과학의 원리를 경제 현상에 적용해 '수요-공급의 원칙'을 비롯해 "시장 메커니즘이 효율적인 자원 배분을 달성한다."는 후생경제학의 원리까지 다양한 자본주의 법칙들을 만들어 냈다. 자본주의에 입각한 각종 사회 및 정치 제도와 국가 형태도 생겨났다. 모두가 개인의 힘을 하나로 모아 사회 전체적인 힘을 향상시키는 동력으로 작용하였다. 고대 사회에서 특정 신을 믿는 부족들이 똘똘 뭉쳐 다른 부족들을 몰아내고 거대한 제국을 형성하는 과정과 비슷하다.

자본주의 경제 법칙들은 자연 과학의 법칙들처럼 실재하고 실험을 통해 검증 가능한 것은 아니다. 물이 위에서 아래로 흐르고 구름이 모이면 비가 내리는 것은 자연에 실재하는 현상들이다. 반면 '수요가 늘어나면 가격이 올라간다'는 것은 실재하는 것이 아니라 인간의 관념 속에 존재하는 법칙들이다. 이런 사회적 법칙은 사회 집단이 여기에 동의하고 이를 받아들일 때만 효과를 낼 수 있다. 사람들이 인정하고 신뢰하지 않는다면 하나의 사회적 이데올로기와 이에 따른 시스템은 다른 이데올로기와 시스템으로 대체된다. 봉건제가 자본주의로 바뀐 것도 비슷한 경우이다.

인공 지능을 기반으로 한 4차 산업혁명이 확산되는 '평평한 경제'에서는 그동안 사회 집단의 의식을 지배해 왔던 자본주의 시장 경제 원칙들에 대해 여러 가지 의문점을 노출시켰다. 4차 산업혁명으로 생산력이 급속도로 발달하면 수요가 늘어난다고 가격이 올라가지 않는다. 또 경제가 성장한다고 해서 고용이 늘어나는 것도 아니다. 가격 메커니즘이 효율성을 담보해 주지도 않는다. 이런 현상들은 자본주의가 제시하는 것과 모순되는 실재 상황들이다.

이데올로기가 실재와 정확히 일치할 필요는 없다. 하지만 사회를 지배하는 이데올로기에 반하는 사례들이 계속 늘어난다면 이데올로기는 사회 집단을 응집시키는 수단으로서의 위치가 흔들린다. 사람들이 믿는 사회 법칙이 흔들리면 인류는 또 다른 이데올로기와 사회 법칙을 만들어 사회 집단적인 힘을 극대화하려고 시도할 것이다. 그것이 무엇이 될지는 섣불리 예측하기 어렵다. 다만 지난 역사를 돌이켜 볼 때 그것은 기존 자본주의를 넘어서는 또 하나의 사회 법칙이 될 것으로 보인다. 봉건제가 자본주의로 대체되었듯이 자본주의는 포스트 자본주의를 상징하는 무엇으로 바뀔 가능성이 높다.

포스트 자본주의는 4차 산업혁명으로 촉발되는 각종 경제, 사회 현상들을 포괄적으로 설명하고 앞으로의 비전을 제시해 줄 수 있는 것이어야 한다. 인류의 과거를 볼 때 미래는 다소 낙관적이다. 사피엔스의 가장 큰 능력은 현실을 반영할 수 있는 상상을 만들어 내고 이를 통해 집단적인 힘을 극대화하는 데 있었다. 4차 산업혁명기에는 이런 사피엔스의 역사가 다시 한 번 반복되어야 할 시점이다.

찾아보기

[ㅇ]

[ㅈ]

[ㅊ]